I0606399

Études renaniennes

Colloque organisé par la Société des Études renaniennes (ernest-renan.fr) et l'UMR 8599 (CELLF), Sorbonne Université, avec le concours du Collège de France.

Comité organisateur : Sophie Basch, Claire Bompaire-Évesque, Maurice Gasnier, Domenico Paone, Marie-Claude Sabouret

ÉTUDES RENANIENNES

LITTÉRATURE — PHILOSOPHIE — HISTOIRE DES RELIGIONS

Revue fondée en 1970

ERNEST RENAN
COMMENT SE CONSTRUIT UNE MÉMOIRE?

II – RÉCEPTIONS

Colloque international du cinquantenaire
de la Société des Études renaniennes

16-17 novembre 2018

Collège de France & Sorbonne

Décembre 2021 – N° 121

ISBN 978-2-406-12628-7
ISSN 0046-2659

SOMMAIRE

RENAN ENTRE GAUCHE ET DROITE / *RENAN BETWEEN LEFT AND RIGHT*

UN HÉRITAGE POLITIQUE DISPUTÉ / *A DISPUTED POLITICAL LEGACY*

RÉAPPROPRIATIONS / *REAPPROPRIATIONS*

INTRODUCTION

Colloque Renan – 16-17 novembre 2018

Le précédent numéro des *Études renaniennes* (n° 120, 2020) porte sur la transmission familiale et savante mais aussi sur Renan penseur de la transmission. Il réunit les communications prononcées lors de la première journée du Colloque international du cinquantenaire de la Société des Études renaniennes, au Collège de France, le 16 novembre 2018. Le présent volume complète les Actes de ce colloque en reprenant les communications de la deuxième journée, qui s'est tenue en Sorbonne le 17 novembre. Trois sujets y furent abordés : Renan et le théâtre, Renan entre gauche et droite, les réappropriations de Renan.

Les quatre communications de la première partie, consacrée à Renan dramaturge, abordent l'angle mort d'une carrière littéraire et savante extraordinairement prolifique. Le théâtre de Renan, écrit entre 1878 et 1886, en grande partie conçu pour être lu plutôt que joué, a été relativement négligé jusqu'à présent. En revenant sur deux *Drames philosophiques*, *Caliban* (1878) et *L'Eau de Jouvence* (1881) Sylvain Ledda s'interroge sur la pertinence de cette catégorie et montre à quel point ces deux pièces révèlent la connaissance que Renan, « Shakespeare dans un fauteuil », avait du théâtre classique et moderne. Florence Naugrette, en s'intéressant à une œuvre de circonstance, le *Dialogue des morts* joué dans une soirée d'hommage à Hugo le 26 février 1886, montre que Renan révèle sa vision, unanimiste et patriotique, de l'histoire littéraire de la France, en luttant contre la doxa scolaire antiromantique élaborée par les manuels dans les années 1880. Anne Faitrop-Porta ressuscite la première mondiale à Rome, en 1886, du drame philosophique, *L'Abbesse de Jouarre*, jamais représenté en France où Sarah Bernhardt refusa le rôle finalement interprété par Eleonora Duse, qui porta sur la scène un mystère dont les implications politiques et sociales font un drame extrêmement moderne. Valentino Petrucci s'est intéressé à la réception controversée du *Prêtre de Nemi*, ce qui l'amène à s'interroger sur les raisons, aussi paradoxales que profondes, qui ont poussé Renan à rédiger des drames, genre où il pouvait atténuer les méandres de son scepticisme.

La deuxième partie de ces Actes porte sur Renan politique. Jean-Paul Clément, dans une approche biographique, revient sur l'évolution de Renan au fil du temps et en particulier sur sa relation compliquée au progrès après son ralliement à la République. Se penchant sur l'héritage idéologique, Jacqueline Lalouette recense les lieux de la mémoire renanienne (républicaine, maçonnique et catholique), dans la presse, l'onomastique urbaine, la statuaire publique et la vie associative. En choisissant comme poste d'observation *La Revue universelle* qui joua un rôle central dans le paysage intellectuel de l'entre-deux-guerres en voulant être une *NRF* de droite, Claire Bompaire-Évesque révèle comment, à partir d'un stock de citations sorties de leur contexte, les catholiques maurrassiens désignent en Renan leur bête noire.

Dans la troisième partie, consacrée aux réappropriations, Yasuko Eshima recense les traductions et les critiques de Renan au Japon, dans un passionnant parcours qui suit la réception de l'écrivain à travers les multiples bouleversements de l'histoire japonaise de la fin du XIXe siècle à nos jours. La communication de Guillaume Métayer, qui porte sur Anatole France et Renan, évoque les innombrables points de rencontre entre les deux auteurs tout en s'interrogeant sur leur effacement d'une histoire littéraire guidée par la morale de la rupture au détriment des figures de la modération, reflets d'une plus grande complexité du monde.

La richesse et l'originalité de ce volume tient notamment aux contributions de collègues qui, jusqu'à présent, n'avaient pas été associés aux travaux de la Société. Cette ouverture prouve, si besoin était, à quel point Renan demeure central dans l'histoire intellectuelle de la France.

Sophie BASCH

LE THÉÂTRE DE RENAN

RÉCEPTION ET INTERPRÉTATIONS

CALIBAN ET *L'EAU DE JOUVENCE*

Renan après *La Tempête*

Selon Henri Gouhier, « à l'origine des *Drames philosophiques* de Renan, il y a non le drame mais la philosophie ; plus précisément : non une vocation d'auteur dramatique, mais une réflexion sur le mode de communication propre à la philosophie[1] ». Or un néophyte qui feuilletterait *Caliban* et *L'Eau de Jouvence*, sans connaître les présupposés intellectuels qui présidèrent à leur naissance, pourrait découvrir deux spectacles dans un fauteuil réussis, dont la qualité de la langue le dispute au maniement subtil de la dramaturgie et de ses effets. Les manuels d'histoire littéraire ou d'histoire du théâtre ne considèrent toutefois pas Renan comme un dramaturge. Loin s'en faut. Cela tient à la fois au fait qu'il n'a pas cherché à faire représenter ses pièces, à deux exceptions près[2], et au peu d'appétence qu'il aurait eu pour le spectacle « vivant ». Selon Claire Bompaire-Évesque en effet, « Renan connaît mal le théâtre réellement joué[3] ». Ainsi, à la suite d'Henri Gouhier, la critique renanienne rattache généralement son théâtre à son projet philosophique et, quoique non négligeable quantitativement, il est considéré comme le pas de côté d'un penseur dilettante en art dramatique. Doit-on pour autant enfermer ses deux drames shakespeariens dans une gangue didactique, considérer *Caliban* et *L'Eau de Jouvence* comme des dialogues

1 *Renan, auteur dramatique*, Paris, Vrin, 1972, p. 11.

2 Sur ce point, voir l'article de Florence Naugrette, « Le romantisme des classiques : *1802. Le Dialogue des morts*, ou comment faire de l'histoire littéraire avec une pièce de circonstance », et celui d'Anne-Christine Faitrop-Porta, « Rome, décembre 1886, la révélation de *L'Abbesse de Jouarre* ».

3 « Henri Gouhier et le théâtre de Renan », *Études renaniennes*, 2007, nº 110, p. 3.

philosophiques, les classer sur le même rayon que *De L'origine du langage* ou la *Vie de Jésus*? Dans un article décisif[4], Michel Autrand propose une tout autre approche, prenant en compte non seulement des éléments d'ordre esthétique, mais aussi le contexte d'écriture des deux « drames symboliques », selon le mot de Paul Bourget[5]. Michel Autrand invite ainsi à lire les drames shakespeariens de Renan en les situant dans leur époque ; il démontre que, loin d'être d'un intérêt secondaire, ils sont de très grande qualité et témoignent d'un art consommé du théâtre. À l'appui d'une étude de style minutieuse, Michel Autrand conclut que « Renan au théâtre est un créateur. Il ne voit pas le genre comme un lieu d'adaptation mais comme un défi[6]. » Grâce à son travail sur la forme théâtrale, à son attention aux structures dialogiques, au soin porté à l'organisation des scènes, à l'usage des didascalies ou à l'utilisation de la musique, Renan s'approprie le drame et en offre une conception personnelle. Tout en s'inscrivant dans l'héritage antique du dialogue, il recueille des pratiques de son siècle en matière d'écriture théâtrale. Considérer ces « fantaisies dramatiques » comme des dissertations philosophiques déguisées revient donc à oublier de les lire pour ce qu'elles sont : des pièces nourries d'une vaste connaissance du théâtre, classique et moderne, cette culture fût-elle livresque. Afin de remettre sur le métier ces deux ouvrages si originaux, il convient de tenir compte de l'histoire du théâtre au XIXe siècle et de revenir sur la singularité du choix de l'œuvre-source, *La Tempête.*

4 « Théâtre de Renan et dramaturgie symboliste », *Revue d'Histoire Littéraire de la France*, Paris, PUF, 1994 ; notre propos se situe dans le sillage de la démonstration de Michel Autrand, dont nous partageons les conclusions.

5 *Essais de psychologie contemporaine, Baudelaire, Renan, Flaubert, Taine, Stendhal*, Paris, Lemerre, 1889, p. 69.

6 « Théâtre de Renan et dramaturgie symboliste », art. cité, p. 71.

SHAKESPEARE DANS UN FAUTEUIL

Caliban et *L'Eau de Jouvence*, respectivement publiés en 1878 et 1881, sont destinés à la lecture[7]. Les deux pièces ne sont pas présentées par Renan comme des « dialogues » mais comme des « drames ». Aussi peut-on les relier à la tradition du théâtre à lire, entrée de longue date dans les mœurs éditoriales et les cabinets de lecture : qu'il s'agisse des « scènes historiques », dont la vogue naît dans la seconde moitié du XVIIIe siècle[8], ou du cas emblématique d'*Un spectacle dans un fauteuil* de Musset, dont l'intention première n'est pas scénique mais poétique[9]. À juste titre, Henri Gouhier rapproche le projet dramatique de Renan de celui de Musset, quand il rappelle qu'un théâtre hors des planches peut entrer en cohérence avec le projet littéraire d'un écrivain : « il n'y a pas plus de contradiction dans la pensée de Renan écrivant ses *Drames philosophiques* que dans celle de Musset publiant en 1834 les deux volumes de *Spectacle dans un fauteuil*[10] [...] » Si les recueils dramatiques de Musset se distinguent par la qualité exceptionnelle de leur langue, les pièces de Renan n'excluent pas une réflexion sur le langage dramatique, comme l'indiquent les partis pris esthétiques du diptyque exposés dans la préface de chaque volume, concrétisés par le soin apporté aux aspects spectaculaires du théâtre.

Le premier de ces partis pris concerne le choix d'inventer une suite de *La Tempête*. Écrire dans le sillage de Shakespeare, c'est en soi une prise de position poétique forte, qui peut surdéterminer une intention idéologique. Depuis les années 1820, qui consacrèrent

7 *Caliban*, suite de *La Tempête*, « drame philosophique », Paris, Calmann-Lévy, 1868 ; *L'Eau de Jouvence*, suite de *Caliban*, Paris, Calmann-Lévy, 1881.

8 « Théâtre et scènes historique », dans *Le Théâtre français du XIXe siècle*, Laplace-Claverie, Hélène, Ledda, Sylvain, Naugrette Florence, dir., Paris, *L'Avant-scène*, 2008, p. 94 et suiv.

9 Sur ce point, voir notre essai, *Le Théâtre de Musset*, Lausanne, Ides et Calendes, 2017, p. 30 et suiv.

10 *Renan, auteur dramatique*, *op. cit.*, p. 34.

l'auteur de *La Tempête* et son œuvre, Shakespeare incarne plusieurs valeurs chères à Renan et à bon nombre d'écrivains de la génération antérieure (celle de Hugo et de Dumas). La liberté dramaturgique tout d'abord. Le théâtre de Shakespeare offre en effet un modèle de composition affranchie des usages classiques, au service d'une représentation dégagée des bienséances morales. Cette liberté se manifeste de manière prégnante dans *La Tempête*, qui accueille merveilleux et réalisme, bouffonneries et gravité, même si la pièce présente un schéma aristotélicien et respecte *mutatis mutandis* l'unité de temps, de lieu et d'action. Le théâtre de Shakespeare outre qu'il est considéré comme un creuset de poésie, est aussi le lieu d'une réflexion sur l'Homme. À cet égard, le *William Shakespeare* de Hugo, bien connu de Renan, présente le dramaturge anglais comme un philosophe de génie, image fixée par la pensée romantique dès les années 1820. Renan partage avec Hugo la conviction que Shakespeare appartient à la classe des « penseurs », ces derniers étant aussi des poètes, des savants, des philosophes et des prophètes – « Qui dit poésie, dit philosophie et lumière », écrit Hugo au livre III de *William Shakespeare*, « L'Art et la science[11] ». Les grands questionnements sur la condition humaine sont en effet posés dans ses pièces, la mort, la foi, l'amour, le savoir, dans une perspective à la fois spirituelle et concrète. Avec Shakespeare, Renan peut mettre en pratique sa réflexion sur le merveilleux de la nature, en particulier de la nature humaine, qu'il ébauche en 1848 : « […] si le merveilleux de la fiction a pu jusqu'ici sembler nécessaire à la poésie, le merveilleux de la nature, quand il sera dévoilé dans toute sa splendeur, constituera une poésie mille fois plus sublime, une poésie qui sera la réalité même, qui sera à la fois science et philosophie[12]. » C'est pourquoi Renan ne cherche pas à écrire à la manière de Shakespeare mais à construire son univers personnel à partir de la donnée « féérique » qu'il trouve dans *La Tempête*. Également héritier des leçons du drame à thèse, de Hugo

11 *William Shakespeare*, éd. Bernard Leuilliot, Paris, Robert Laffont, coll. « Bouquins », 1985, p. 292.

12 *L'Avenir de la science, Paris*, Calmann-Lévy, 1910, V, p. 95.

à Dumas-fils ses amis, Renan peut déployer un discours politique, religieux, philosophique, à l'intérieur d'une forme dramatique ouverte à des registres variés. Shakespeare n'est donc pas envisagé d'un point de vue essentialiste par Renan, mais selon une double perspective d'expérience esthétique et de mise à l'épreuve de concepts philosophiques par le biais du drame.

APRÈS SHAKESPEARE

Caliban et *L'Eau de Jouvence* se présentent au lecteur comme les suites de *La Tempête*, l'une des dernières et des plus énigmatiques pièces de Shakespeare[13]. Jouée dans des formes abrégées ou adaptées à la scène jusqu'à la fin du XVIIIe siècle, *La Tempête* est redécouverte au XIXe siècle grâce à la mise en scène et à de nouvelles traductions. Après celle de Guizot (1820), Renan a eu connaissance de la version de François-Victor Hugo, publiée en 1865[14], mais peut-être aussi celle de l'anglophile et traducteur Jean-François Châtelain parue en 1867. Si *La Tempête* a marqué l'histoire des idées et traversé les siècles, c'est parce que ses trois personnages, Prospero, Caliban et Ariel, endossent une forte charge symbolique. Depuis la fin du XVIIe siècle, ces personnages ont produit de nombreuses gloses, ont fait l'objet de commentaires, de réécritures, jusqu'au temps de Renan – le critique Émile Bergerat, son contemporain, utilise le pseudonyme « Caliban » pour signer certains de ses ouvrages. Renan n'est pas le premier à s'emparer de ce trio pour en faire le porte-voix d'idées sur l'homme,

13 Voir en particulier la lecture métalittéraire que propose René Girard dans le chapitre qu'il consacre à *La Tempête* dans son essai : *Shakespeare, les feux de l'envie*, Paris, Grasset, 2014 ; Girard voit en Prospero un double de Shakespeare lui-même, offrant son testament à son public.

14 Renan professait une vive admiration pour Hugo, lu pendant sa jeunesse, mais aussi au temps de sa maturité. Voir Guyard, François-Marius, « Renan et Victor Hugo », *Études renaniennes*, N° 63, 1er trimestre 1986, p. 7-13.

pour développer des concepts philosophiques ou des analogies éloquentes. Au XIXe siècle, ces trois figures ont déjà passé du statut de personnages au rang de mythes, en particulier chez Hugo et chez Balzac. Le duo Caliban-Ariel est souvent convoqué pour décrire un système antithétique. La « préface » de *Cromwell* le mentionne pour illustrer une conception renouvelée du lyrisme théâtral :

> Mais c'est surtout la poésie lyrique qui sied au drame ; elle ne le gêne jamais, se plie à tous ses caprices, se joue sous toutes ses formes, tantôt sublime dans Ariel, tantôt grotesque dans Caliban. Notre époque, dramatique avant tout, est par cela même éminemment lyrique. C'est qu'il y a plus d'un rapport entre le commencement et la fin ; le coucher du soleil a quelques traits de son lever ; le vieillard redevient enfant[15].

Dans *La Cousine Bette*, Balzac intitule son chapitre 13 « Dernière tentative de Caliban sur Ariel », pour décrire les ultimes manœuvres de la cousine Bette pour attirer le sculpteur Steinbock dans ses rets. Le romancier cite encore les personnages de *La Tempête* pour décrire ironiquement l'influence destructrice de Lisbeth Fischer : « Elle ne concevait le sacrifice à faire à son idole qu'après y avoir écrit sa puissance à coups de hache. C'était enfin la *Tempête* de Shakespeare renversée, Caliban maître d'Ariel et de Prospero[16]. » La présence métaphorique de Caliban dans d'autres œuvres introduit toujours une forme de dangerosité, de menace ricanante et grotesque ; une certaine violence qui découle de la difficulté qu'éprouve Caliban à faire la part du bien, qu'incarne à l'inverse Ariel, le génie des airs libéré par Prospero. Caliban est l'élément perturbateur qui déclenche la confusion voire le chaos dans l'ordre établi, tout à la fois aveuglé par ses pulsions et guidé par sa perspicacité instinctive.

Le choix de Renan ne consiste pas à produire des analogies implicites mais à reprendre en mains le destin de Prospero et de Caliban,

15 « Préface », *Cromwell*, éd. Anne Ubersfeld, Paris, GF-Flammarion, 1968, p. 77.

16 *La Cousine Bette*, éd. Sylvain Ledda, Paris, GF-Flammarion, 2015, p. 98 ; notons aussi qu'un des premiers contes de Balzac, *La Dernière fée*, met en scène Caliban, valet d'un alchimiste qui devient le tuteur d'Abel, fils de son maître.

en adaptant leur tempérament et leur histoire à ses préoccupations métaphysiques et politiques. Dans la préface de *Caliban*, l'écrivain explique que s'il a choisi d'écrire une suite de *La Tempête*, c'est avant tout parce que ses trois types sont vecteurs d'idées universelles sur la condition humaine : « Prospero, duc de Milan, inconnu à tous les historiens ; – Caliban, être informe, à peine dégrossi, en voie de devenir homme ; – Ariel, fils de l'air, symbole de l'idéalisme, sont les trois créations les plus profondes de Shakespeare. J'ai voulu montrer ces trois types agissant dans quelques combinaisons adaptées aux idées de notre temps[17]. » Une typologie théâtrale est donc à l'origine des drames philosophiques, leur place dans l'imaginaire collectif du XIXe siècle légitimant le discours que leur parole peut construire.

Classée parmi les « féeries » par François-Victor Hugo, *La Tempête* est un drame fantastique, ce qui offre à Renan une liberté d'invention supplémentaire ; la magie, dont Ariel, Caliban et Prospero sont tout à la fois les initiateurs et les victimes, est l'un de ses motifs structurants des drames philosophiques. Renan conserve en effet cette donnée fondamentale de *La Tempête*, mais en faisant glisser les sortilèges vers une réflexion sur le savant et son rôle dans la société. Dans *Caliban*, Prospero s'adonne à de sérieuses recherches sur l'euthanasie et délaisse la vie politique. S'il n'est plus utile à la Cité, il prépare l'avenir de l'humanité, quitte à mourir incompris. Dans *L'Eau de Jouvence*, les découvertes de Prospero donnent lieu à des scènes oniriques et à un dialogue des vivants et des morts. La dimension ésotérique de la pièce de Shakespeare laisse donc place à un débat sur la science et sur la mission humaniste du chercheur.

17 « Au lecteur », *Caliban*, suite de *La Tempête*, Paris, Michel Levy, 1878, p. II.

APRÈS *LA TEMPÊTE*

Caliban et *L'Eau de Jouvence* forment une suite. La première des deux pièces commence là où se termine *La Tempête* et *L'Eau de Jouvence* est publiée comme la suite de *Caliban*. Comme son titre le suggère, *Caliban* concentre son intérêt sur la figure du monstre affranchi. *L'Eau de Jouvence*, quant à elle, braque les projecteurs sur Prospero, Caliban n'apparaissant que dans la dernière scène. Quelles libertés Renan prend-il avec Shakespeare ? quels éléments conserve-t-il et développe-t-il dans ses deux drames ? On se souvient qu'au dénouement de *La Tempête*, Prospero libère Antonio et Sébastien, mais affranchit également Ariel et Caliban. Pour se délivrer définitivement de l'île enchantée, le magicien convie le public à l'applaudir, afin de marquer bruyamment son émancipation. Si l'affranchissement d'Ariel est suspendu à une dernière mission d'importance (ménager des vents favorables pour ramener saine et sauve la petite communauté à Naples), le sort de Caliban n'est pas tout à fait fixé et laisse planer une incertitude sur son avenir. À la fin de la pièce, les intentions de Prospero à l'égard de Caliban sont doubles : d'une part, il le « reconnaît » comme lui appartenant, partant il lui confère un statut à ses côtés, fût-il le plus bas : « Quant à cet être de ténèbres, – je le reconnais comme mien », déclare-t-il à l'assemblée[18]. Après cette identification, il lui enjoint de préparer la grotte, le renvoyant à sa condition à travers l'espace obscur et chtonien d'où il est issu – tous passeront une dernière nuit dans cette grotte où le magicien racontera ses aventures à Alonzo. C'est en ornant ce lieu symbolique, essentiel de l'action, que Caliban pourra obtenir le pardon de son maître. Dans *La Tempête*, les dernières répliques de Caliban expriment à la fois les remords et la crainte de demeurer sa vie durant l'esclave d'un maître. Quel sort lui réserve l'avenir ? Quittera-t-il l'île après la reconnaissance effective et publique

18 *La Tempête*, scène IX, *Œuvres complètes de Shakespeare*, t. II, trad. François-Victor Hugo, Paris, Pagnerre, 1865, p. 278.

de Prospero ? Rien ne le précise et c'est dans cette incertitude laissée par Shakespeare que Renan se glisse pour mettre en place l'intrigue de *Caliban* et construire le devenir du personnage. En l'absence d'un ancrage historique précis, Renan peut inventer un monde dont les repères sont moins chronologiques que symboliques.

Bien que Renan ait *a priori* peu fréquenté les salles de spectacle, il écrit en dramaturge aguerri aux rouages du théâtre. Il utilise ainsi la scène d'exposition de *Caliban* pour rappeler l'action antérieure (en reprenant certains termes de la traduction de François-Victor Hugo) et pour annoncer les intentions du personnage principal, tout en dessinant les linéaments de l'intrigue : le projet d'attentat de Caliban découvert, ce dernier a néanmoins obtenu le pardon de Prospero ; Caliban l'a suivi à Milan où il vit désormais dans une cave, réduit à l'état d'ivrogne. Tel Diogène sortant de son tonneau, Caliban apparaît dès la première scène sous la forme d'un pauvre hère qui aspire à la liberté dont on le prive. Ayant accompagné son maître sur la terre ferme, il s'ennuie et s'adonne à la boisson. Seul Ariel conserve sa dimension immatérielle et positive, introduisant la poésie de la magie et la sensibilité du sage à chacune de ses apparitions, scandées par la musique. L'ivresse bouffonne du Caliban de *La Tempête* revêt chez Renan un relief dramatique. À la fois inutile (plus de sources à découvrir) et aliéné (Prospero lui avait promis la liberté), Caliban apparaît comme un être révolté contre sa condition. Or Renan dégage d'emblée Caliban de l'animalité négative dans laquelle la critique l'a enfermé[19], suggérant qu'il souffre d'avoir été négligé par Prospero, retiré dans son laboratoire de la Chartreuse de Pavie. La vacance du pouvoir ouvre une brèche, qui justifie l'implication politique progressive de Caliban, initiation sociale parallèle à la découverte de son humanité. Désigné par le peuple comme son meilleur représentant, Caliban prend la place de son maître et devient duc de Milan. Au

19 Dans « L'Idée de *La Tempête* », analyse qui sert de préface à l'édition de 1776, Caliban est « l'assemblage de tous les vices les plus honteux. C'est la mauvaise portion du cœur humain que Shakespeare a peint dans ce caractère sous l'enveloppe brute et grossière de l'état sauvage. » *La Tempête*, trad. Le Tourneur, Paris, éd. Duchesne et Cie, 1776, p. 8.

cours d'une scène nocturne fort symbolique, Caliban découvre que l'exercice du pouvoir ne saurait s'appliquer sans une réflexion sur le bien : allongé sur le lit de Prospero, il a la révélation de la grandeur d'âme que nécessite sa fonction – cette transfiguration rappelle celle de don Carlos dans *Hernani*, à qui l'accession à l'Empire dévoile la magnanimité et le pardon.

À la tête du duché, Caliban comprend son maître, ses intentions, sa quête scientifique au service du bonheur des hommes. C'est donc moins la révolte d'un esclave vengé de son maître qui intéresse Renan que le processus de civilisation qui voit Caliban passer de l'instinct à la raison. D'abord vil et coléreux, Caliban se montre certes vengeur – il veut détruire les livres et éradiquer ceux qui ont la science du latin –, mais sa conscience s'ouvre à l'altérité en même temps que lui est révélé le sens du devoir politique. *Caliban* décrit le parcours de l'irresponsabilité civique à la diplomatie responsable. Ce Caliban devenu homme invite à une réflexion plus large sur le rôle du peuple dans l'avancée des nations. On a ainsi pu mettre en parallèle les intentions démocratiques au lendemain de 1871 et celles de Caliban. Pour Michel Desprats en effet, « chez Ernest Renan, Caliban prend les traits du peuple comme classe[20]. » Certes, Caliban est désigné par le peuple, il en est l'émanation, mais dès lors qu'il accède au pouvoir, c'est sa lucidité et la découverte du bien qui le déterminent, plus qu'une conscience de classe. À cet égard, *Caliban* offre aussi une réflexion sur le renversement de tout système aristocratique, même si, une fois au pouvoir, Caliban adopte l'éthos d'un prince envers son ancien maître. Renan explore ici le principe de la reconnaissance, en le renversant positivement : au dénouement de *La Tempête*, Prospero « reconnaissait » Caliban, premières lueurs d'humanisation du personnage. Chez Renan, la lueur devient lumière : Caliban reconnait la valeur de son maître, lui pardonne ses fautes et le protège. À cet égard, Caliban est le personnage de Shakespeare à qui Renan fait subir la plus profonde révolution.

20 « Shakespeare après Shakespeare : interprétations, adaptations, réécritures », *Shakespeare*, Paris, PUF, 2016, p. 78.

APRÈS *CALIBAN* : LA MORT DE PROSPERO

Que l'exercice du pouvoir puisse permettre à l'homme d'accéder à la sagesse, tel est en substance le « message » délivré par *Caliban*, auquel s'ajoute celui de l'amour, considéré comme une force supérieure, capable de changer le mal en bien et la laideur en beauté. Au dénouement de *Caliban*, la chute (physique) de Prospero, qui tombe anéanti après les adieux d'Ariel, annonce l'enjeu majeur de *L'Eau de Jouvence* : une méditation sur la mort, la disparition inévitable de Prospero et de son univers. Grâce au thème macabre, Renan tisse bon nombre d'échos entre ses deux drames philosophiques. Dans *Caliban*, Prospero prophétise la dissolution du monde ancien, associé à l'aristocratie, au temps de la magie et des sortilèges. Avant sa disparition, il veut accomplir un dernier dessein, en procurant aux hommes un moyen de finir dignement leur vie. *L'Eau de jouvence* entérine la *preparatio mortis* sous-jacente dans *Caliban*. Dans la pièce de 1881, Prospero prépare son départ de deux manières. D'une part, en poursuivant ses travaux sur l'euthanasie – la thèse la plus moderne exposée dans les deux pièces concerne en effet la fin de la vie humaine. Selon Prospero, les hommes doivent pouvoir choisir leur mort et partir de manière heureuse, libérés des entraves du corps. Cette position lui attire les foudres de l'Inquisition et de la religion catholique, à l'exception du Pape, qui rêve d'une éternelle jeunesse, protège Prospero et le prend à son service. D'autre part, Prospero médite sur le devenir de la science et du savoir après son passage sur terre. Nombreuses sont ainsi les formules énoncées dans *Caliban* qui se réalisent dans *L'Eau de Jouvence* : « car je vieillis, déclare Prospero, et ma préoccupation désormais doit être de meubler ma mémoire des objets qui la rempliront durant toute l'éternité[21] ». En somme, le titre du second drame philosophique est ironique et trompeur :

21 *Caliban*, IV, 4, p. 68.

l'eau de vie qu'il distille ne procure pas la jeunesse mais permet à celui qui la boit de dialoguer avec les chers disparus. *In fine*, Prospero ne travaille pas à une impossible œuvre au noir mais veut seulement rendre la mort digne et acceptable.

Le pendant de cette ambition éthique et médicale réside dans la présence du fantastique, nettement plus développée dans *L'Eau de Jouvence* que dans *Caliban* bien qu'Ariel n'apparaisse que dans la scène finale. La pièce multiplie les dialogues des morts et les situations oniriques et macabres, les fantasmagories. L'une d'entre elles s'inscrit dans le sillage de l'esthétique gothique, qui rappelle l'une des situations de *La Quittance du diable* de Musset : désireux de percer le secret de la mort, le pape descend en personne dans le caveau de son prédécesseur, arrache des mains du squelette un parchemin qui lui annonce sa fin prochaine. Pour déjouer cette prophétie, le pape multiplie les tentatives auprès de Prospero, fermement persuadé qu'il a distillé l'élixir de vie. En vain. Les deux dernières scènes de la pièce sont consacrées à l'agonie et à la mort de Prospero. Sous le signe de la poésie et du pathétique, la fin du mage est d'autant plus émouvante que le savant revoit une dernière fois son ange gardien, son « petit zinzolin[22] », et réunit dans une ultime entrevue les deux visages de son passé, Ariel et Caliban. Le dénouement de *L'Eau de Jouvence* illustre les thèses de Renan sur la mort et sur l'euthanasie : Prospero s'endort calmement, progressivement, ce que marque très justement le *tempo* des didascalies. Le lecteur peut supposer que Prospero a choisi sa fin. En un épilogue d'inspiration symboliste, le corps du savant, drapé d'un linceul, est déposé sur une barque et confié au caprice des eaux du Rhône. Ce rituel païen, qui rappelle tout ensemble la mythologie grecque du Styx et de Charon, mais aussi la pratique funéraire de l'immersion des Vikings[23], est ordonnancé par un cardinal de l'église catholique, celui-là même qui avait condamné Prospero pour hérésie. Ultime réconciliation entre le scientifique et

22 *L'Eau de Jouvence*, V, 4, p. 126.

23 Voir Ragon, Michel, *L'Espace de la mort : essai sur l'architecture, la décoration et l'urbanisme funéraire*, Paris, Albin Michel, 1981, p. 84.

le religieux ? Syncrétisme des croyances antiques et chrétiennes au service de la « belle mort » ? La réponse réside peut-être dans la poésie sépulcrale de ce dénouement, dans l'attention extrême de Renan à la mise en scène de ce tableau fantastique, dont l'esprit est proche de la célèbre toile d'Arnold Böcklin, *L'Île des morts*, contemporaine de *L'Eau de Jouvence*[24].

CONCLUSION

Dans la préface de *Caliban* et de *L'Eau de Jouvence*, Renan insiste sur un détail autobiographique, anecdotique peut-être, rarement commenté par la critique. Il évoque avec plaisir le cadre estival et heureux dans lequel il a composé ses drames – le décor on ne peut plus lamartinien d'Ischia[25]. Entre l'île enchantée de Prospero et celle enchanteresse de la baie de Naples, Renan tisse une passerelle hédoniste, le lieu de son séjour italien se muant en inspiration poétique pour imaginer une Italie de fantaisie, toute shakespearienne, à la manière de l'Italie des comédies de Musset. On a souvent interprété les préfaces de Renan comme un refus du théâtre, ou à tout le moins comme une mise à distance d'un genre uniquement envisagé comme le prétexte au dialogue philosophique. Or ces préfaces proposent en creux une réflexion sur la poésie au théâtre, et sur la manière dont celle-ci peut servir à la maïeutique des idées. Ainsi, une lecture des deux drames philosophiques orientée vers les pratiques théâtrales au XIXe siècle rappelle que Renan possède un art consommé de la poésie dramatique ; celle-ci se déploie dans les décors et les musiques qu'il imagine et qui accompagnent une lecture tournée vers la scène.

---

24 Il s'agit d'une série de cinq tableaux représentant la même scène, réalisée entre 1880 et 1886.

25 Outre les poèmes des *Méditations* dédiés à l'île ou inspirés par elle, Ischia sert de cadre au récit de *Graziella*.

Une pensée vivante et en mouvement, telle est la qualité majeure des pièces shakespeariennes de Renan, qualité que renforce un sens aigu des émotions et des vérités qui touchent le lecteur :

> Il s'est trouvé que cet historien des événements lointains était aussi l'un des plus vivants d'entre nous et l'un de ceux qui nous passent le plus près du cœur, écrit Paul Bourget. Au même titre que les plus dédaigneux du passé et de ses traditions, ce chercheur de textes est un enfant du siècle. Alfred de Musset ne représentait pas plus exactement les passions nouvelles de sa génération que M. Renan ne représente quelques-unes des plus essentielles de nos façons de penser et de sentir[26].

Du drame « dit » romantique, Renan conserve le goût des décors pittoresques, le sens des scènes de groupe, l'art des mouvements de foule, mais aussi l'éloquence de la tirade, moment de bravoure lyrique. Du drame symboliste, il possède le sens de la poésie et de l'image, l'intuition de la part sensible qu'il faut réserver aux silences. C'est pourquoi les deux pièces shakespeariennes de Renan relèvent moins du dialogue philosophique que d'un nouveau « drame de la pensée[27] », conçu comme un espace poétique et symbolique de réflexion sur la condition humaine.

Sylvain LEDDA

26 *Essais de psychologie contemporaine*, *op. cit.*, p. 70.

27 L'expression est employée par Vigny en 1835 pour décrire l'intention philosophique et morale de *Chatterton*.

BIBLIOGRAPHIE

AUTRAND, Michel, « Théâtre de Renan et dramaturgie symboliste », *Revue d'Histoire Littéraire de la France*, Paris, PUF, 1994, p. 59-73.

BALZAC, Honoré de, *La Cousine Bette*, éd. Sylvain Ledda, Paris, GF-Flammarion, 2015.

BOMPAIRE-ÉVESQUE, Claire, « Henri Gouhier et le théâtre de Renan », *Études renaniennes*, 2007, n° 110, p. 3-16.

BOURGET, Paul, *Essais de psychologie contemporaine, Baudelaire, Renan, Flaubert, Taine, Stendhal*, Paris, Lemerre, 1889.

DESPRATS, Michel, « Shakespeare après Shakespeare : interprétations, adaptations, réécritures », *Shakespeare*, Paris, PUF, 2016, p. 76-104.

GIRARD, René, *Shakespeare, les feux de l'envie*, Paris, Grasset, 2014.

GOUHIER, Henri, *Renan, auteur dramatique*, Paris, Vrin, 1972.

GUYARD, François-Marius, « Renan et Victor Hugo », *Études renaniennes*, n° 63, 1er trimestre 1986, p. 7-13.

HUGO, Victor, *William Shakespeare*, éd. Bernard Leuilliot, Paris, Robert Laffont, coll. « Bouquins », 1985.

HUGO, Victor, « Préface », *Cromwell*, éd. Anne Ubersfeld, Paris, GF-Flammarion, 1968.

LAPLACE-CLAVERIE, Hélène, LEDDA, Sylvain, NAUGRETTE Florence, dir., « Théâtre et scènes historique », dans *Le Théâtre français du XIXe siècle*, Paris, *L'Avant-scène*, 2008, p. 94 et suiv.

LEDDA, Sylvain, *Le Théâtre de Musset*, Lausanne, Ides et Calendes, 2017.

RAGON, Michel, *L'Espace de la mort : essai sur l'architecture, la décoration et l'urbanisme funéraire*, Paris, Albin Michel, 1981.

RENAN, Ernest, *Caliban*, suite de *La Tempête*, « drame philosophique », Paris, Calmann-Lévy, 1868.

RENAN, Ernest, *L'Eau de Jouvence*, suite de *Caliban*, Paris, Calmann-Lévy, 1881.

RENAN, Ernest, *L'Avenir de la science, Paris*, Calmann-Lévy, 1910.

SHAKESPEARE, William, *La Tempête*, trad. Le Tourneur, Paris, éd. Duchesne et Cie, 1776.

SHAKESPEARE, William, *La Tempête*, *Œuvres complètes de Shakespeare*, t. II, trad. François-Victor Hugo, Paris, Pagnerre, 1865.

LE ROMANTISME DES CLASSIQUES

1802. Dialogue des morts, ou comment faire de l'histoire littéraire avec une pièce de circonstance

Œuvre de circonstance, le *Dialogue des morts* joué dans une soirée d'hommage à Hugo le 26 février 1886 est aussi de l'histoire littéraire en action. C'est ce qu'on se propose de montrer, à partir des archives de la Bibliothèque-Musée de la Comédie-Française, afin de situer dans son contexte historique, artistique et culturel ce petit texte qui, tel le « quoi qu'on die » du sonnet des *Femmes savantes*, « dit plus de choses qu'il n'est gros ». Inséré au milieu de quelques actes choisis des grandes pièces en vers de l'auteur d'*Hernani*, *1802. Le Dialogue des morts* – tel est son titre initial – ne durait que quelques minutes. Le lendemain, publié dans le feuilleton du *Journal des Débats*, il n'y occupe que les deux fois six colonnes au rez-de-chaussée des deux premières pages. Édité peu après chez Calmann-Lévy, il remplit tout juste les douze pages in-octavo d'une maigre plaquette[1]. Et pourtant, cette miniature en dit long. D'une part elle est pleine d'enseignements sur la gloire de Victor Hugo moins d'un an après sa mort, gloire pas forcément aussi consensuelle qu'on pourrait le croire. D'autre part elle montre l'engagement de Renan dans une pensée théorique originale en son temps comme dans le nôtre : une pensée de l'histoire littéraire qui, parce qu'elle préfère le continuum à la rupture, l'héritage et la transmission au reniement, est en complet déphasage, sur le romantisme, non seulement avec le *storytelling* des

1 Renan, Ernest *1802. Dialogue des morts*, Calmann-Lévy, 1886. Nos citations viennent de cette édition.

manuels et histoires littéraires de son temps, ceux de la toute jeune école républicaine, mais aussi avec l'histoire littéraire telle qu'on continue malheureusement à l'enseigner aujourd'hui dans les classes.

Ce petit texte par lequel Renan s'essayait au théâtre ne brille pas par son inventivité formelle, à laquelle n'invitent ni sa raison d'être (une pièce de circonstance), ni sa forme (variante du dialogue philosophique). Ce qui le rend original, c'est l'association de ces deux genres avec l'histoire littéraire. Pour comprendre l'efficacité de cet étrange objet, on examinera successivement les « circonstances » de cette pièce du même nom, la dramaturgie scénique de ce dialogue philosophique, la philosophie de l'histoire littéraire qu'il promeut, sa réception dans la presse – notamment sa parodie par anticipation –, et enfin sa reprise, trente-sept ans plus tard, pour un autre hommage de circonstance, rendu cette fois-ci à Renan lui-même dont on célèbre en 1923 l'anniversaire de la naissance à la Comédie-Française.

UNE PIÈCE DE CIRCONSTANCE

Le genre de la pièce de circonstance n'est plus pratiqué aujourd'hui qu'à titre potache. Mais au XIXe siècle, c'est un genre vivace, surtout à la Comédie-Française, grand théâtre officiel qui, comme les autres établissements de spectacle dépend alors du Ministère de l'Intérieur et non pas comme aujourd'hui – seulement depuis l'après-guerre – du Ministère de la Culture. La Comédie-Française est alors le lieu privilégié des cérémonies commémoratives, ce qu'elle n'est plus aujourd'hui.

Hugo a été abondamment fêté sous et par la IIIe République à la Comédie-Française et dans les grands théâtres privés tels la Porte-Saint-Martin et la Gaîté. Dès son retour en France en septembre 1870, après Sedan, on lit ses poèmes patriotiques dans des soirées à bénéfice pour financer la défense nationale et la construction de canons contre les Prussiens. Ses pièces sont interprétées par les plus grands acteurs : *Lucrèce Borgia* et *Marie Tudor* sont repris à la Porte-Saint-Martin, avec Marie Laurent, respectivement en 1870 et 1873 ; *Marion de Lorme* entre à la Comédie-Française en 1873[2], avec Mlle Favart ; *Hernani* est repris en 1877 à la Comédie-Française avec Sarah Bernhardt et Mounet-Sully ; ces deux mêmes acteurs réapparaissent dans *Ruy Blas* qui entre à la Comédie-Française en 1879[3] ; cinquante ans après sa création houleuse et son interdiction, *Le roi s'amuse*, avec Got (Triboulet) et Mounet-Sully (François Ier) connaît sa deuxième représentation à la Comédie-Française pour fêter les 80 ans de Hugo en 1882.

Ce sont quelques actes choisis de ces trois dernières pièces en vers récemment reprises qui constituent l'essentiel du spectacle en ce soir du 26 février 1886 où le *Dialogue des morts* n'est qu'un intermède, un à-propos servant à honorer le grand héros républicain pour les obsèques duquel, neuf mois plus tôt, le 1er juin 1885, la République et la Patrie reconnaissantes ont rouvert les portes du Panthéon aux grands hommes. Moins d'un an après sa mort, et comme pour la conjurer, c'est sa naissance qu'on célèbre, par une pièce dont l'intrigue elle-même se situe en 1802, juste avant son arrivée au monde : celle-ci est annoncée comme la venue du Messie, d'où l'on comprend qu'il est immortel, ou que tel un phénix il renaîtra éternellement de ses cendres. Dans son compte rendu du 1er mars, *La Lanterne* remarque l'honneur ainsi fait à Hugo jusqu'à présent réservé à Corneille, Racine, et surtout Molière, dont on célèbre tout particulièrement la naissance tous les 15 janvier depuis la découverte, par le commissaire de police Louis-François Beffara en 1821, d'archives mentionnant sa date de baptême ; aujourd'hui encore, à la fin du spectacle du 15 janvier, la troupe réunie invente chaque fois une manière différente de rendre hommage au buste du « patron » apporté au milieu du plateau.

---

2 La pièce a été d'abord admise par le comité de lecture de la Comédie-Française en 1829 (donc entre alors au répertoire), mais n'a pas passé la censure ; elle a été finalement créée après l'abolition de la censure, en 1831, à la Porte-Saint-Martin. Sa création à la Comédie-Française est plusieurs fois évoquée au cours du siècle. Elle a lieu en 1873 dans une mise en scène d'Émile Perrin.

3 *Ruy Blas* avait été créé en 1838 au Théâtre de la Renaissance.

Mais une autre circonstance explique la commande passée à Renan par Jules Claretie[4] : une crise artistique, culturelle et institutionnelle que traverse la Comédie-Française. Les acteurs et la direction se sont ligués contre une tragédienne, Mlle Dudlay, un temps évincée de la troupe, parce que, jugent-ils, la tragédie ne faisant plus recette, on n'a plus besoin d'elle. Une partie du public l'ayant soutenue, et Mlle Dudlay s'étant plainte au ministère, Claretie examine sa requête et s'apprête à la réintégrer contre la volonté de ses camarades. La presse a tendance à prendre fait et cause pour elle, et à reprocher à la Comédie-Française de se détourner de sa mission originelle, la conservation du répertoire, en privilégiant les auteurs contemporains. De fait, une étude de la programmation du mois de février confirme cette impression : le grand succès du mois est une comédie légère de Gondinet, *Une parisienne*, où le public se rue ; sur les dix-sept pièces jouées en février 1886, deux seulement sont du répertoire classique, *Horace* et *Le Dépit amoureux*, jouées une seule fois chacune ; les romantiques sont assez bien représentés, avec Musset (*Les Caprices de Marianne* et *Il ne faut jurer de rien*), Sand (*Le Mariage de Victorine*) et Dumas (*Mademoiselle de Belle-Isle*) ; le reste est constitué majoritairement de comédies contemporaines ou récentes (dont deux d'Augier, deux de Pailleron, une de Banville, une de Legouvé et Labiche). Dans cette période de crise, la pièce de Renan, dont le propos est précisément de ne pas opposer les classiques aux modernes, ne peut que réconcilier les partis opposés, les partisans de la tragédie et de Mlle Dudlay et les amateurs de dramaturgies contemporaines…

On sait par les seize lettres que Renan a adressées à l'administrateur Claretie en février 1886 qu'il a été enthousiasmé par la proposition qui lui était faite de rendre hommage à Hugo. Il regrette de ne pouvoir écrire sa pièce en vers alexandrins ; il confesse avoir hésité à mettre Molière parmi les personnages, celui-ci ayant été célébré le 15 du mois précédent, et étant donc en sa propre maison déjà l'hôte

4 Jules Claretie fut administrateur général de la Comédie-Française de 1885 à 1913.

du spectacle ; il professe son admiration pour les comédiens et assure Claretie de sa reconnaissance.

La séance du 26 février 1886 se déroule en quatre temps : 2e acte du *Roi s'amuse* ; 3e acte d'*Hernani* ; *1802. Dialogue des morts* ; 4e et 5e actes de *Ruy Blas.*

La salle est « excessivement select », témoigne le *Gil Blas* dans son numéro du 28 février : on y a « remarqué M. et Mme Lockroy[5], Georges et Jeanne Hugo et quelques intimes du Maître dans l'avant-scène de gauche » ; dans la loge présidentielle, le président de la Chambre (Charles Floquet), le ministre des finances (Sadi Carnot), et M. René Goblet, ministre des Beaux-Arts ; dans une loge de premières le sous-secrétaire d'État à l'Instruction publique et aux Beaux-Arts (Turquet), le secrétaire perpétuel de l'Académie Française et directeur des théâtres Camille Doucet ; Clémenceau, alors encore simple député, aux fauteuils de balcon ; « l'orchestre et les loges sont d'ailleurs bondés par le Tout-Paris des premières qu'il me serait impossible de citer. »

Cette cérémonie est doublement émouvante pour Renan : d'abord parce que c'est la première fois qu'il teste en public son talent dramatique (de ce point de vue, de son propre aveu, l'expérience n'est guère concluante) ; ensuite parce que Hugo était son ami cher, à qui, dans la préface de ses *Drames philosophiques*, il rendra hommage, tout particulièrement au *Théâtre en Liberté.* Il faut dire que Hugo a soutenu la candidature de Renan à l'Académie Française, et l'a régulièrement reçu à dîner chez lui, comme en témoigne Juliette Drouet dans sa lettre quotidienne le 13 juin 1878 : « J'espère que ton candidat Renan l'emportera sur le composite Taine et que celui-ci en sera pour son béjaune coloré d'Alexandre Dumas (fils plus que jamais)[6]. » Renan, en retour, fait de Hugo dans cette pièce le grand génie du XIXe siècle qui réunit les grands écrivains français des XVIIe

5 Remariée au journaliste Lockroy, Alice est la veuve de Charles Hugo, et donc la mère de Georges et Jeanne.

6 Juliette Drouet à Victor Hugo, 13 juin 1878 [Transcription de Chantal Brière], *Lettres à Victor Hugo*, Université de Rouen (CÉRÉdI), édition dirigée par Florence Naugrette, http://www.juliettedrouet.org (consulté le 07/09/2021).

et XIXe siècles. Mais au-delà de sa contribution à la gloire de Hugo, la « pensée finale » de cet hommage, écrit-il lui-même à Claretie le 13 février 1886, « me paraît devoir être LA FÉCONDITÉ INDÉFINIE DU GÉNIE DE LA FRANCE ».

LE DIALOGUE DES MORTS

Pour ce faire, Renan s'inscrit dans la forme canonique du dialogue des morts, pratiquée notamment par Lucien de Samosate, Fontenelle, Fénelon, et l'adapte au théâtre, lieu privilégié de l'apparition des fantômes, réalisant le passage du dialogue philosophique au drame philosophique, fût-ce, en l'occurrence, sous la forme minuscule de l'à-propos. Le « dialogue des morts » de Renan, pièce de circonstance, relèverait donc de ce genre rare, et peut-être peu praticable, de l'« à-propos philosophique ».

Le décor et les personnages sont ainsi décrits dans le tableau-stase[7] liminaire :

> *La scène se passe dans le bosquet des Champs-Élysées réservé aux ombres immortelles de la Comédie-Française : lumière douce et un peu triste. Sol fleuri, prairie d'asphodèles. Deux sièges de marbre antique. Corneille, Racine, Boileau, Voltaire, Diderot, d'autres encore, en costume de leur temps ; toutes les couleurs sont atténuées et fondues en une nuance pâle et blanche, qui fait ressembler les personnages à des ombres, sortes de statues de marbre vivantes. Ils vont et viennent, deux à deux ou en groupes, lentement, causant d'un ton grave*[8].

La dimension mémorielle de la pièce de circonstance est comme redoublée par cette apparence des fantômes comparés à des « statues de marbre vivantes », puisqu'aussi bien la plupart d'entre eux ont leur

7 Un tableau-stase est un tableau de début d'acte décrivant le décor et la position des personnages et leur attitude au lever du rideau, avant les premiers mots du dialogue (Frantz, Pierre, *L'Esthétique du tableau* dans le théâtre du XVIIIe siècle, Paris, PUF, 1998).

8 Renan, Ernest, *1802. Dialogue des morts*, édition citée, p. 2.

buste dans les couloirs et galeries de la Comédie-Française. Ils sont incarnés par les plus grands acteurs de l'époque, qui ont déjà joué Hugo. Corneille est interprété par Edmond Got : il avait été L'Angely, le bouffon de *Marion de Lorme* en 1847 et en 1873, avait réalisé la mise en scène de *Ruy Blas* en 1879, et incarné Triboulet lors de la reprise du *Roi s'amuse* en 1882. Delaunay avait interprété le rôle-titre d'*Hernani* en 1867. Boileau est interprété par Constant Coquelin, dit Coquelin aîné, qui avait joué don César pour l'entrée de *Ruy Blas* au répertoire en 1879, et sera le créateur du rôle-titre de *Cyrano de Bergerac* onze ans plus tard. Diderot est interprété par Febvre, qui avait joué Saltabadil dans *Le roi s'amuse* en 1882. Worms joue Voltaire : il avait été don Carlos dans *Hernani* en 1877, et don Salluste dans *Ruy Blas* en 1879.

Le génie est interprété par Mlle Reichemberg, dite Camillus. Chaque jour, il apporte des nouvelles aux morts. Il dépose ainsi sur les bancs de petits carrés de papier relatant la bataille de Marengo et la parution d'*Atala*. Les morts se demandent quand viendra un grand poète pour le siècle qui a déjà deux ans. Sarcey, dans son feuilleton du *Temps*[9], présente ainsi l'avancée de leur dialogue : Corneille voudrait l'avènement d'« un poète dont le vers fût éclatant comme un coup d'épée ou une action héroïque ». Racine, « qu'il eût la grâce et sût pénétrer le cœur des femmes ». Boileau, qu'il fût révolutionnaire, et de se lamenter sur le mauvais usage qu'on fait de sa Poétique, en l'utilisant, contre sa volonté, comme arme conservatrice, lui qui serait le premier à accompagner les romantiques s'il était leur contemporain ; Sarcey juge qu'il y a « quelque chose de paradoxal et de piquant à mettre en scène le législateur du Parnasse appelant de ses vœux le révolutionnaire qui devait bousculer son art poétique ». Voltaire, lui, veut « qu'il soit bon aux humbles, aux souffrants ». Diderot, pour sa part, ne dit pas grand-chose, il est là « pour faire nombre ». Le dialogue terminé, le génie revient leur dire qu'ils sont exaucés. « Elle fait un geste : le nuage du fond s'entr'ouvre et laisse voir autour du buste de Victor Hugo toute la Comédie-Française harmonieusement groupée et agitant ses palmes. »

9 Sarcey, Francisque, feuilleton dramatique, *Le Temps*, 1er mars 1886.

RÉCEPTION

Le public applaudit, comme il se doit. Mais il est difficile de savoir exactement ce qu'il en a pensé. La presse sérieuse, en tout cas, oscille entre le compte rendu révérencieux ou factuel de la cérémonie et le persiflage à l'encontre de cette tentative dramatique risquée d'un Renan en quête d'honneurs. *La Lanterne* (journal politique quotidien) en fait le 1er mars un éloge convaincu mais assez peu convaincant :

> [...] l'illustre académicien a pu se donner hier la douce illusion d'un début au théâtre, encore que ce dialogue des morts ne soit scénique que par sa forme dialoguée. Mais M. Renan est toujours intéressant à suivre dans les manifestations de sa pensée et si ténue que soit la conception de son à-propos, cette tentative est soutenue par cette belle langue harmonieuse et souple dont il a la science et qui ne saurait lui faire défaut dans ses moindres essais.

Sarcey dans *Le Temps* du 1er mars 1886 reconnaît que c'est un « morceau délicieux » :

> [...] il abonde en vues ingénieuses, il se déroule avec harmonie en pleine lumière, chacun des personnages en scène parlant à son tour et exprimant avec grâce des idées dont quelques unes sont originales, dont les autres sont rajeunies par le tour heureux de la phrase, par le beau choix des mots.
>
> Mais quoi ! Rien ne se détache ! Rien ne fait saillie !

Et Sarcey d'en conclure que Renan n'est pas fait pour les planches. *Le Gaulois* (27 février) se moque : la pièce, aussi fade que son décor blafard, n'est qu'une série de monologues ; le journaliste dresse un portrait-charge de Renan se pavanant au foyer, et persifle :

> D'après les reporters les mieux autorisés, M. Renan aurait déclaré qu'il tenait avant tout à l'exactitude du décor. Il voulait avoir de vrais Champs-Élysées. Eh bien ! je regrette de le déclarer, mais ça n'est pas ça du tout.

> Des arbres, des bancs de pierre, un petit temple, mais pas de guignols, pas de panorama, pas de chevaux de bois !
>
> [...] Après le retour du facteur, la toile du fond s'enlève et laisse voir un énorme buste de Victor Hugo entouré de tous les artistes de la Comédie, en costume du répertoire romantique.
>
> Le tableau est joli, mais il a le défaut de reléguer au dernier plan les jolies femmes que, d'ordinaire, en pareille circonstance on nous met à l'avant-scène. L'œil y perd ce que l'oreille n'a pas gagné.

Les parodistes s'emparent aussi de la pièce. On aurait tort d'y voir une seule moquerie, puisque les parodies, au XIXe siècle, et aujourd'hui encore, sont le symptôme de l'importance de leur cible. Deux d'entre elles sont particulièrement révélatrices :

Le *Gil Blas* du 1er mars, sous la plume de Grosclaude, applique l'à-propos de Renan à la crise autour de Mlle Dudlay, avec cette hypothèse :

> La situation est devenue tellement grave que l'administrateur général de la Comédie a jugé indispensable de faire appel à la vieille expérience de M. Ernest Renan ; l'illustre académicien a donné le conseil de réunir immédiatement un jury d'honneur composé des principaux notables du théâtre français : MM. Corneille, Racine, Boileau-Despréaux, Voltaire et Diderot se sont empressés de répondre à cette convocation d'urgence. [...]
>
> RACINE : Mais au fait, mes chers amis, si nous causions un peu de ce qui se passe dans la maison de Poquelin.
>
> BOILEAU, finement : Coquelin, voulez-vous dire !

Racine s'émeut qu'il n'y ait plus d'acteurs pour le jouer si la Tragédie continue à manquer de bras, n'ayant plus jusqu'à présent que ceux de Mlle Dudlay, dont Voltaire « *avec un hideux sourire* » – la citation de Musset est déjà « culte » – dit qu'elle les a fort agréables. Racine suggère finalement qu'on prenne Renan à sa place, puisqu'il « manifeste d'étonnantes dispositions pour le théâtre » et propose qu'il joue les rôles de Mlle Dudlay en travesti. Pour être bouffonne, cette parodie amusante n'en est pas moins pertinente : l'à-propos de Renan a aussi pour enjeu d'apaiser les tensions internes à la Comédie-Française, et d'y réconcilier les acteurs du répertoire ancien et ceux du répertoire moderne.

Une deuxième parodie, plus amusante encore, fait réfléchir, elle aussi, à la signification mémorielle de l'à-propos de Renan, précisément parce qu'elle le comprend à contresens – volontairement ou non, c'est ce qu'il est difficile de savoir, dans la mesure où elle est publiée six jours avant la création, dans le supplément littéraire du *Figaro* du 20 février 1886. Signée « Ariel », elle s'intitule « 1802. M. Renan à la Comédie-Française », et est illustrée par des dessins de Caran d'Ache, qui croquent une scène imaginaire, comme l'indique la mention : « Décors, masques, costumes et mise en scène de Caran d'Ache ». La pochade commence ainsi :

> Nous devons à l'indiscrétion bien naturelle de l'un des pensionnaires remerciés par le directeur de la Comédie-Française la communication un peu canaille, mais si gentille, de ce document dramatique dont M. Coquelin l'aîné répète en ce moment tous les rôles sans exception. Le bruit de la collaboration sourde de M. Renan avec Edmond Gondinet[10] est controuvé. On les a vus seulement déjeuner ensemble chez Véfour […]

On résume ici les principaux épisodes :

> *Aux Champs-Élysées, à l'heure des demi-teintes. Le zéphyr souffle, avec réticence. Les nuances se fondent. – Jules Claretie. Un buste de Victor Hugo.*

10 Got a récemment joué dans sa pièce *Un Parisien.*

Scène 1

Arrivent d'abord 3 Grecs, Homère, Hésiode et Pindare, accueillis par Claretie à qui ils dévoilent leurs intentions : « Ernest Renan nous envoie célébrer la naissance de Victor Hugo. Nous sommes prêts. » Claretie leur demande de patienter en attendant l'arrivée du public.

Arrivent 4 autres Grecs, Aristophane, Eschyle, Sophocle et Euripide. Aristophane excuse l'absence d'Anacréon (« Il était un peu malade »), de Théocrite (« Il n'avait pas de pantalons »), et présente Eschyle : « le Shakespeare de son temps qui lui-même fut le Victor Hugo du sien ».

Intermède de la scène 1

PANTOMIME. – *Honoré de Balzac passe la tête au fond et exprime par sa physionomie qu'il se croit en retard. On le rassure par des gestes qui signifient clairement :* « Non ! vous avez le temps ! ce n'est pas votre tour, etc. » *Il disparaît.*

Scène II. *Les mêmes. Plusieurs autres*

Lucrèce et Virgile se font des politesses pour entrer.

Arrive Horace.

JUVÉNAL, *il montre le buste*

« Moi, je suis né trop tôt dans un siècle trop jeune !... il m'a volé *les Châtiments* ! »

PLAUTE à Térence

« Je vous recommande la tête de Tacite (*Il lui montre Tacite*). Il est lugubre. On sent que Renan va l'égorger aux mânes du bénéficiaire.

CICÉRON

Oh ! Nous y passerons tous ! Nous sommes ici pour ça ! »

Intermède de la scène II

« DANSE ET DIVERTISSEMENT. *Les Grecs et les Latins se nouent chorégraphiquement. Pas réglé par M. Mérante*[11]*. Mais Lamartine entre. Il n'a pas été invité. Tous se déchaussent et lui jettent leurs sandales à la tête. Lamartine s'enfuit.* »

Scène III

« Les mêmes, Dante, Le Tasse, l'Arioste, Pétrarque, Boccace, Machiavel, Raphaël, Michel-Ange, Rossini et Garibaldi »

« DANTE, *montrant Garibaldi*, demande qui c'est.
ROSSINI répond : "c'est notre Jeanne d'Arc (*montrant le buste*). Ils s'écrivaient."

(Les Espagnols entrent. Castagnettes et tambours de basques). »

---

11 Louis-Alexandre Mérante (1828-1887), danseur et maître de ballet.

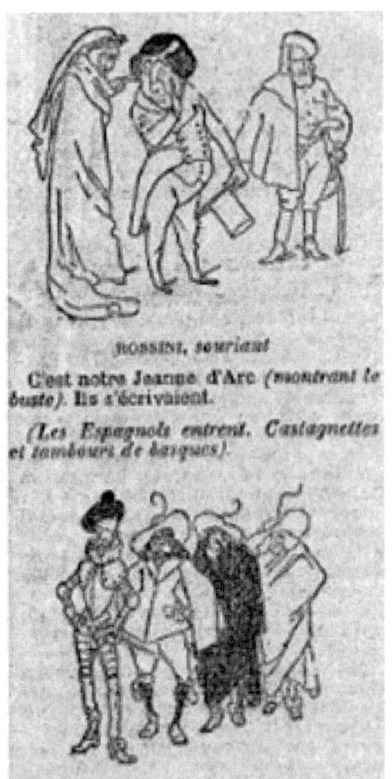

Intermède de la scène III

« Cervantès, Calderon, Lope de Vega et Camoëns écartent les Italiens et vont se ranger autour du buste. »

Scène IV

« Les mêmes, Rabelais, Montaigne »

Scène V

« Shakespeare, Molière, La Fontaine »

Intermède de la scène V

« Alexandre Dumas entre. Sans savoir de quoi il retourne, il se charge de tout. Puis il aperçoit le buste de Victor Hugo, le soulève à bras tendu et l'embrasse. Jules Claretie le présente à Homère. Alexandre Dumas lui rend immédiatement le même service. On fusionne. »

Scène VI

« Tous – moins Racine, Boileau, Goethe, Heine et Zola, ennemis personnels de Victor Hugo et ses détracteurs. »

George Sand au bras de Jean-Jacques,
accompagnée de Musset et Flaubert

JULES CLARETIE
Messieurs, voici l'exécuteur des hautes œuvres.

(Entre Ernest Renan. Il est vêtu de rouge des pieds à la tête. Il tient une hache rayonnante. Il est suivi de Auguste Vacquerie et de Paul Meurice, portant un billot, qu'ils installent sous le buste).

ERNEST RENAN, *à ses aides*

Appelez, par ordre séculaire !

VACQUERIE ET MEURICE,
d'un ton sceptique et bon enfant

Monsieur Homère ?

HOMÈRE

Voilà ! *(Il s'avance, pose la tête sur le billot, et Ernest Renan lui coupe le cou. Homère se redresse, prend sa tête sous son bras et sort).*

ERNEST RENAN

À qui le tour ?

(Et tous les écrivains se succèdent au billot. Après avoir été décapités, ils s'en vont, mieux portants que jamais, et rajustent leurs têtes. L'exécution terminée, une voix fraîche d'enfant s'élève dans la salle.)

GEORGES HUGO, *à sa sœur Jeanne*
Alors pourquoi m'envoie-t-on au collège ?

Cette pochade fait comprendre, par le contresens qu'elle commet volontairement ou non, le sens théorique de l'à-propos de Renan. La présentation d'Eschyle par Aristophane comme « le Shakespeare de son temps qui lui-même fut le Victor Hugo du sien » renvoie au second degré au *William Shakespeare* de Victor Hugo (1864), qui appelle Eschyle le « Shakespeare ancien » et se considère sans le dire explicitement comme le « Shakespeare moderne » ; en cela, le parodiste rejoint l'idée de Renan qui est de faire apparaître « la fécondité indéfinie du génie ». Le contresens effectué par cette parodie, c'est de présenter Renan comme l'exécuteur des auteurs antiques, classiques, et jusqu'aux romantiques amis de Hugo, alors que précisément Renan exalte la solidarité, la fraternité des génies, et présente l'histoire littéraire comme celle d'une transmission, où la révolution esthétique est compatible avec la mémoire et l'héritage. La question naïve de Georges Hugo (« Alors pourquoi m'envoie-t-on au collège ? ») montre qu'« Ariel » est en réalité exactement du même avis que Renan, et que Hugo lui-même, puisque, contrairement à ce que l'histoire littéraire racontait à l'époque, et raconte toujours, on ne trouve sous la plume de Hugo que des éloges sur les grands anciens, non pas seulement sur Eschyle et Shakespeare, mais aussi sur Corneille et Molière, qui sont eux aussi ses dieux du théâtre.

C'est ce que comprend parfaitement Renan, qui s'inscrit en faux contre la doxa scolaire antiromantique élaborée par les manuels dans les années 1880[12]. Selon cette doxa, Hugo est certes le grand homme de la République, mais principalement pour son œuvre

12 Voir Naugrette, Florence, « Le drame romantique, un contre-modèle ? Sa place dans les histoires littéraires et les manuels de la IIIe République », *L'Idée de littérature dans l'enseignement*, sous la direction de Martine Jey et Laetitia Perret-Truchot, Garnier, 2019, p. 195-211.

de l'exil (*Châtiments, Misérables, Contemplations, Légende des siècles*) et de sa vieillesse (*L'Art d'être grand-père*) où sont exaltées les valeurs laïques, familiales et patriotiques ; en revanche, le romantisme y est jugé délétère car venu de l'étranger et démoralisant ; c'est pourquoi l'histoire littéraire de l'époque, diffusée sous les grandes plumes de Doumic, de Brunetière, de Faguet, invente la périodisation absurde du romantisme que des générations ont apprise au lycée et qui est malheureusement encore enseignée : elle commencerait à la préface de *Cromwell* pour sa théorie, la bataille d'*Hernani* pour sa pratique, et se terminerait aux *Burgraves* pour sa prétendue chute ; à cette périodisation fautive correspond une caractérisation tout aussi fallacieuse, qui présente le romantisme comme une opposition radicale, destructrice et vengeresse à l'égard des classiques, alors qu'en réalité ce ne sont pas les romantiques qui sont hostiles aux classiques, bien au contraire, mais le classicisme des critiques conservateurs contemporains du romantisme qui est un antiromantisme.

Cette doxa antiromantique, qui fait des romantiques des fossoyeurs de la culture et de l'esprit français, est contrée depuis la naissance même du romantisme par Stendhal, dans son *Racine et Shakespeare* (1822 et 1825), et plus récemment alors par Émile Deschanel dans son essai *Le Romantisme des classiques* (1883) ; elle l'a été aussi par Hugo lui-même qui, dans son *William Shakespeare*, regrettait la caricature du romantisme en mouvement hostile au classicisme, et défendait l'idée, reprise par Renan, d'une fécondité trans-séculaire et, pour Hugo, trans-nationale – du génie.

Par son cadre, la commémoration du 26 février 1886 ne permet pas à Renan d'étendre sa célébration du génie au-delà des frontières nationales : son à-propos est une pièce de circonstance française, commandée par l'état français à la Comédie-Française, et elle célèbre les grands génies français.

FORTUNE : LA REPRISE DE 1923

En remerciement de ce bon et loyal service rendu par Renan à la patrie, celle-ci, reconnaissante, réutilisera l'à-propos *1802. Dialogue des morts* pour honorer Renan lui-même le 28 février 1923, à l'occasion du centenaire de sa naissance[13]. Gabriel Boissy, dans la livraison de la revue *Comœdia* du 1er mars 1923, donne un compte rendu des réjouissances. Il commence par évoquer les fantômes des grands auteurs français :

> Hier soir, ils nous apparurent, ombres drapées de blanc, fantômes élyséens dont les chevelures mêmes étaient poudrées, parmi des nuées, sur un fond d'architectures féeriques empruntées aux décorateurs du grand siècle. [...] Chacun s'était fait de son mieux la tête marmoréenne de son poète, mais nul n'y réussit aussi bien que M. d'Inès, frappante évocation du Houdon qui ricane au foyer du public.

Ensuite Silvain, en habit, lit sur le ton de la « conversation » ou de la « confidence » la « Prière sur l'Acropole » que Mme Segond-Weber avait lue déjà l'après-midi à la Sorbonne de manière trop solennelle. Puis le rideau se lève sur le décor de 1802 au milieu duquel trône le buste de Renan en plâtre, devant lequel Mme Segond-Weber en Pallas Athéné proclame, en récompense à la « Prière à l'Acropole », une « réponse de la déesse » composée par André Dumas (éloge en alexandrins du parcours intellectuel et spirituel de Renan). La soirée se clôt par une représentation de *Bérénice*, jugée par la presse unanime plus convenable aux circonstances que *Le Gendre de M. Poirier* (d'Émile Augier et Jules Sandeau) d'abord programmé.

La plupart des journaux soulignent l'ambiguïté du choix de cette reprise pour honorer la mémoire de Renan : d'un côté, elle le place en glorieuse compagnie, et elle lui rend hommage en donnant à voir une

13 Corneille : Albert Lambert / Racine : Alexandre/Boileau : Le Roy / Diderot : Dessonne/ Voltaire : d'Inès/Génie : M. Renaud (?)

pièce écrite par lui ; de l'autre, elle l'ancillarise au service de Hugo, dont la stature l'écrase, et elle repousse une fois encore l'occasion de monter au Français une vraie grande pièce de Renan, ce qui eût été plus satisfaisant pour honorer et construire sa mémoire.

Ce petit à-propos dit donc bien « plus de choses qu'il n'est gros ». En quelques minutes, sur un décor improbable de Champs-Élysées parcourus par les ombres marmoréennes des grands auteurs classiques et des Lumières, il donne une vision unanimiste et patriotique de l'histoire littéraire de la France. Il montre que l'histoire littéraire n'est pas une science objective, qu'elle est commandée par une intention mémorielle, dans la manière dont elle périodise ou non, dont elle érige les chefs d'œuvres en événements, et dont elle choisit les grands artistes dignes d'égaler, voire de surpasser, dans le Panthéon national, les plus grands hommes d'État.

Florence NAUGRETTE

BIBLIOGRAPHIE

ARIEL, « 1802. M. Renan à la Comédie-Française », supplément littéraire du *Figaro*, 20 février 1886.

BOISSY, Gabriel, « Renan honoré à la Comédie-française », *Comœdia*, 1er mars 1923.

DRACK, Maurice, « Premières représentations », *La Lanterne*, 1er mars 1886.

DROUET, Juliette à Victor Hugo, 13 juin 1878 [Transcription de Chantal Brière], *Lettres à Victor Hugo*, Université de Rouen (CÉRÉdI), édition dirigée par Florence Naugrette, http://www.juliettedrouet.org (consulté le 07/09/2021).

FRANTZ, Pierre, *L'Esthétique du tableau* dans le théâtre du XVIIIe siècle, Paris, PUF, 1998.

FRIMOUSSE, « La soirée parisienne, Anniversaire de Victor Hugo », *Le Gaulois*, 27 février 1886.

GROSCLAUDE, « Les Gaietés de la semaine », *Gil Blas*, 1er mars 1886.

NAUGRETTE, Florence, « Le drame romantique, un contre-modèle ? Sa place dans les histoires littéraires et les manuels de la IIIe République », *L'Idée de littérature dans l'enseignement*, sous la direction de Martine Jey et Laetitia Perret-Truchot, Garnier, 2019, p. 195-211.

RENAN, Ernest *1802. Dialogue des morts*, Calmann-Lévy, 1886.

SARCEY, Francisque, « Chronique théâtrale », *Le Temps*, 1er mars 1886.

LE PRÊTRE DE NEMI

La Vérité et ses masques dans le « théâtre métaphysique » de Renan

Le 3 novembre 1885, Edmond de Goncourt remarque dans son *Journal* :

> Renan, revenu des bains de mer soufflé et boursouflé d'une graisse anémique cause de son *Prêtre de Nemi*, vantant l'avantage du dialogue, qui permet un tas d'interprétations autour des choses qui préoccupent sa pensée[1].

Renan écrit *Le Prêtre de Nemi* pendant un long séjour en Provence (été-automne 1884), un séjour qui s'était avéré – à vrai dire – peu salutaire pour ses rhumatismes : évidemment, le soleil du *Midi* n'est pas celui (miraculeux) d'Ischia…

Comme les deux drames précédents (*Caliban*, 1878 ; *L'Eau de Jouvence*, 1881), *Le Prêtre de Nemi* est à l'origine une affaire de villégiature, un engagement estival. Ainsi écrit-il à la princesse Julie (décembre 1884) :

> J'ai enfin achevé […] une petite fantaisie qui s'appelle : *Le Prêtre de Nemi*, qui me fut inspirée par le petit lac près de Laricia [*sic*][2].

Au-delà de ces mêmes jugements, je crois que cette « fable » est, parmi tous les drames de Renan, le plus original, celui qui peut-être reflète le mieux son état d'âme à la moitié des années 80, ses

1 Goncourt, Edmond et Jules de, *Journal* (1851-1896), Paris, Robert Laffont, 1989, t. II, p. 1196.

2 Renan, Ernest, *Correspondance*, *Œuvres Complètes*, Paris, Calmann-Lévy, 1947-1961 (dorénavant : *O.C.*, suivi par le tome en chiffres romains), *O.C.*, t. X, p. 926.

espérances et surtout ses désillusions. L'œuvre dramatique de Renan couvre un laps de temps qui va de 1878 (*Caliban*) jusqu'à 1886 (*Dialogue des morts*).

À cette époque-là, Renan est l'idole de la libre pensée, « le Dieu adoré et encensé de la IIIe République » (la définition est de Léon Daudet), une République qui pourtant lui déplaît, trop mesquine, trop matérialiste, à laquelle il s'est rangé à contrecœur : *Caliban*, son premier drame théâtral, reflète bien sa désaffection, son mépris mal dissimulé envers une démocratie sans idéaux purs, envers une civilisation mercantile et affairée, « à l'américaine ».

Renan, le réformateur raté (qui a lutté et qui a été « dix fois battu »), se convainc toujours davantage de la futilité de tous les efforts humains, de la « bassesse incurable » du peuple, de la vanité du progrès.

Au moraliste austère, impitoyable (celui de *La Réforme intellectuelle et morale*, 1871) succède le philosophe blasé, qui considère la vie comme une « charmante promenade », à affronter « le sourire aux lèvres ».

Dans son dernier grand ouvrage (*Histoire du peuple d'Israël*, qui l'occupera de 1887 jusqu'à sa mort, 1892) nous lisons :

> Avoir vu que les choses humaines sont un à-peu-près sans sérieux et sans précision, c'est un grand résultat pour la philosophie ; mais c'est une abdication de tout rôle actif. L'avenir est à ceux qui ne sont pas désabusés[3].

Tout est vanité : après 1878, Renan crée une nouvelle figure d'intellectuel : celle d'« un *Ecclésiaste* dans une démocratie[4]. »

Ces états d'âme se reflètent dans sa production théâtrale, notamment dans *Le Prêtre de Nemi*.

Venons à la trame du drame. Renan s'inspire d'une ancienne tradition sanguinaire. À Nemi, le prêtre du temple de Diane était choisi suivant un rituel sanglant. Devenait prêtre celui qui *tuait* le prêtre en charge : c'était la règle de succession du sanctuaire. Un prétendant au sacerdoce pouvait s'emparer de la charge en tuant le

3 Renan, Ernest, *Histoire du peuple d'Israël* (III, 1891), *O.C.*, t. VI, p. 977-978.

4 *Cf.* La Ferla, Giuseppe, *Renan politico*, Firenze, De Silva – La Nuova Italia, 1953, p. 278.

prêtre et restait à son poste jusqu'au moment où il était tué à son tour par quelqu'un de plus fort ou de plus rusé que lui. On peut bien imaginer l'état d'angoissante précarité de ce prêtre, à la fois le plus puissant et le plus fragile des hommes : une baisse de vigilance, la moindre diminution de ses forces pouvaient le mettre en danger… Le sommeil même pouvait entraîner sa condamnation à mort.

À la même période que Renan, James Frazer, l'anthropologue, nous donne une magnifique description de cette coutume sinistre ; il commence juste par Nemi sa grande fresque sur l'importance du folklore dans l'histoire des civilisations (*Le Rameau d'or*, 1891). Trente ans après, à l'occasion du centenaire de la naissance de Renan, Frazer donnera deux conférences à Paris (décembre 1922, février 1923) ; il y affirme avoir été inspiré par Renan dont il se proclame un admirateur fervent[5].

Revenons à la pièce. Renan imagine qu'un nouveau prêtre, Antistius, homme éclairé, veut briser, une fois pour toutes, la funeste chaîne de meurtres et purifier des infamies le culte de Diane. Pratiquement, il se borne à *chasser* son prédécesseur au lieu de l'égorger.

Antistius, l'*alter ego* de Renan, veut contribuer, par le biais de la religion, au progrès de l'humanité, au triomphe de la justice ; il s'efforce de substituer à la superstition brutale une vision plus pure, idéaliste du surnaturel, « la religion du cœur ».

Avec toute la force de son éloquence, il combat l'exécrable coutume des sacrifices humains, le commerce des oracles et des prières, l'adoration de dieux avides et capricieux qu'on peut corrompre avec des offrandes et des présents :

> Non, non, Dieu n'agit pas […] par des volontés particulières. Le prier est inutile. Homme aveugle, tu te figures la Divinité comme un juge qu'on corrompt ou qu'on gagne en l'importunant… Tais-toi, vil intéressé[6].

Ainsi faisant, Antistius, le prêtre réformateur, parvient à mécontenter tous les citoyens d'Albe (la scène se déroule à Albe la Longue,

5 *Cf.* Frazer, James G., *Sur Ernest Renan*, Paris, Claude Aveline éd., 1923, p. 66-67.
6 *O.C.*, t. III, p. 553.

à l'époque de la fondation de Rome). Les aristocrates le considèrent comme un novateur dangereux ; le peuple, privé de ses rites coutumiers quoique barbares, ne se sent plus protégé par la divinité.

Albe va déclarer la guerre à Rome : pour obtenir l'aide de Diane, elle a besoin d'un nouveau prêtre, d'un *vrai* prêtre. Un brigand assassin, Casca, s'occupe de rétablir l'ordre : Antistius est tué ; Casca est le nouveau prêtre, légitimé par l'ancien rituel féroce. La foule exulte ; la mort du prêtre libéral est saluée comme une libération. Maintenant, la victoire contre Rome est assurée :

> Quelle joie ! – proclame un bourgeois enthousiaste – Les dieux, la famille, la propriété sauvés du même coup ! La religion va refleurir. Toutes les traces du libéralisme vont bientôt être effacées[7].

Grosso modo, voilà la trame du *Prêtre de Nemi*. Voyons, à présent, les particularités qui font ce drame, à certains égards, différent des autres.

Qu'est-ce qui pousse Renan à choisir la forme théâtrale pour donner corps à ses idées et à écrire d'abord des *Dialogues philosophiques* (1871) et, ensuite (de 1878 à 1886), des véritables drames philosophiques ?

Essentiellement, c'est l'exigence d'exposer, en les opposant, des points de vue, des conceptions politiques, morales qui, par essence, ne sont pas susceptibles de démonstrations, mai seulement d'adhésions émotionnelles, de sympathies et d'antipathies.

« On ne peut pas faire des dialogues sur la géométrie », dit Renan – en revanche, tout ce qui entre dans le domaine des opinions (la haine, l'amour, n'importe quelle profession de foi) peut être représenté sur la scène « à la manière de Shakespeare ».

Coriolan, Jules César, les personnages historiques portés à la scène par Shakespeare,

> [...] ne sont pas des études de psychologie absolue – écrit Renan – J'ai voulu, sans intention scénique naturellement, faire quelque chose d'analogue[8]. »

7 *Ibidem*, p. 603.

8 *Préface* à *Drames philosophiques* (1888), *O.C.*, t. III, p. 372.

Donc, les *Drames* de Renan descendraient des comédies de Shakespeare tout comme les *Dialogues philosophiques* descendaient de Malebranche : c'est la thèse d'Henri Gouhier[9]. Toutefois, à part les noms et les titres (*Caliban* a pour sous-titre « Suite de *La Tempête* » ; *L'Eau de Jouvence* est, à son tour, la suite de *Caliban*), le « théâtre philosophique » de Renan est fort éloigné du théâtre de Shakespeare. Les personnages renaniens ne deviennent jamais, comme chez Shakespeare, des « caractères » éternels, Max Weber dirait : des « types idéaux ». Certes, dans les « didascalies » qui précèdent *Le Prêtre de Nemi*, l'Auteur recommande d'habiller les acteurs à la manière de Masaccio ou de Mantegna « [...] pour éviter le soupçon de couleur locale ». Cependant, malgré tous les efforts d'abstraction, les personnages renaniens incarnent, non pas des vérités éternelles, mais des polémiques contingentes, liées à la biographie spirituelle de l'Auteur : donc, il s'agit d'un théâtre polémique, militant, politique au sens large du terme. Nemi n'est qu'un décor « exotique », un prétexte scénique pour continuer son combat contre l'obscurantisme religieux, la médiocrité bourgeoise, « la sottise » du peuple. On a l'impression – écrit Bourget à propos du *Prêtre de Nemi* – que Renan est à la fois « le poète, l'impresario et le public » de son théâtre[10].

Manifestement, Antistius *est* Renan :

> [*l'homme*] exige un dieu pour lui tout seul [...] Il veut [...] se créer un aparté, un univers à deux où il établit un colloque avec l'absolu de pair à compagnon [...] Il veut lui demander ceci, le remercier de cela, croire qu'il y a un être suprême qui s'occupe de lui[11].

Ces phrases nous les retrouvons, répétées mot à mot, dans l'*Examen de conscience philosophique* (1888), le testament spirituel de Renan[12].

Un autre exemple qui nous montre comment les drames de Renan ne sont pas au-delà de l'Histoire mais bien plongés dans le climat

9 *Cf.* Gouhier, Henri, *Renan auteur dramatique*, Paris, Vrin, 1972, p. 16-19.

10 Bourget, Paul, *Essais de psychologie contemporaine*, Paris, Plon, 1916, p. 100.

11 *O.C.*, t. III, p. 559.

12 *Cf. O.C.*, t. II, p. 1180.

de la IIIe République. Il y a, dans *Le Prêtre de Nemi*, un personnage qui incarne le bon sens mesquin, la médiocrité : il s'appelle *Tertius*. Traduit en français, Tertius devient Tiers : de toute évidence, un nom qui n'a pas été choisi au hasard…

Dans *Le Prêtre de Nemi*, écrit Jean Pommier, « […] les allusions à l'histoire contemporaine sont des plus transparentes […] Le lecteur de 1885 ne pouvait s'y tromper. Rome, c'était Berlin ; Albe, c'était Paris[13]. »

On pourrait multiplier les exemples. Dans *L'Eau de Jouvence*, Siffroi, le seigneur palatin, ambassadeur du roi de Germanie, représente le militarisme acharné, la brutalité allemande :

> Les Français sont une nation de barbares, avec un vernis insuffisant de civilisation. Nous sommes les hommes ; ils sont les femmes […] Nous sommes les maîtres[14] !.

Dans une autre pièce, *Le jour de l'an 1886*, Dieu (« l'Éternel ») s'entretient avec son ange Gabriel, qui l'informe des événements terrestres.

Dans ce colloque, parfois licencieux[15], l'Éternel maudit le Socialisme et le Suffrage Universel : en somme, c'est un Dieu qui ressemble beaucoup au Renan goguenard, désabusé de ces années-là, « les yeux pétillants de malice », comme le décrit le jeune Romain Rolland en 1888.

Je parlais des « particularités » du *Prêtre de Nemi*. Voyons-les. Les drames de Renan roulent presque tous sur trois composantes entremêlées : la religion, la politique, l'amour, ou mieux, l'éros. Dans *Le Prêtre de Nemi*, cette dernière composante est presque complètement absente, sauf le personnage de Carmenta (la prophétesse amoureuse d'Antistius) qui joue toutefois un rôle marginal. Le récit tire avantage de cette absence [*de l'élément érotique*]. Nous sont épargnées

---

13 Pommier, Jean, *Renan d'après des documents inédits*, Paris, Librairie académique Perrin et Cie, 1923, p. 329-330.

14 *L'Eau de Jouvence*, *O.C.*, t. III, p. 499.

15 « Le lait surabondera dans les mamelles de vingt-deux ans », *O.C.*, t. III, p. 709.

les dissertations plutôt stéréotypées (souvent emphatiques) sur l'importance de l'Amour :

> le moment de l'amour est celui où l'homme est le meilleur [...] grâce à l'amour, il se fait une trouée dans son ciel de plomb[16].

Nous sont épargnés la frivolité narquoise, les provocations intentionnelles (parfois de mauvais goût) qui alourdissent certaines pages de ses drames :

> L'amour gardera toujours son caractère sacré. Dans les pays de foi naïve, comme la Bretagne, la pauvre fille qui s'abandonne, au moment de la jouissance suprême, fait le signe de la croix[17].

Dans *Caliban* (acte II, scène 1), nous lisons l'apologie de la chenille qui se transforme en papillon et s'ennoblit grâce à l'Amour :

> Tout est d'or à ses yeux [...] Court et brillant éclair, fleur d'un jour. Salut à toi, ô bien-aimé de Dieu, à toi dont la vie resserre en quelques heures ces trois moments divins : fleurir, aimer, mourir[18] !

Un ton emphatique, une rhétorique plutôt conventionnelle... on dirait le sermon d'un curé de campagne...

Il faut le reconnaître : dans les années 80, à partir des *Souvenirs d'enfance et de jeunesse*, la polémique anticléricale de Renan prend souvent la forme d'un immoralisme pieux : des « races du rêve qui s'usent à la poursuite de l'idéal » (*Le broyeur de lin*, 1876), Renan passe à « nos races amies du plaisir » (*L'Abbesse de Jouarre*, *Avant-propos*, 1886).

À propos du dernier Renan, Edmond de Goncourt parle d'une « prose libidino-calotine[19]. » Parfois, il s'agit d'une prose tout

---

16 *Le jour de l'an 1886*, *O.C.*, t. III, p. 704.

17 *L'Abbesse de Jouarre*, *Avant-propos* de la 1re édition (1886), p. 613. Particulièrement sévère le jugement d'André Gide : « *L'Abbesse de Jouarre* me paraît au dessous du médiocre, puéril. Véritable aversion pour ce style flasque [...] C'est peut-être le pire des écrits de Renan » (*Journal* (1929), Paris, Gallimard, 1939, p. 959.

18 *O.C.*, t. III, p. 392.

19 Goncourt, Edmond et Jules de, *Journal*, *op. cit.*, t. III, p. 666.

simplement libidineuse… Dans *L'Eau de Jouvence*, Célestine, une jeune religieuse, affirme

> Notre mission à nous, c'est de rafraîchir les chaleurs extrêmes des cerveaux fatigués par la pensée […] Notre abbesse nous dit toujours : "Ayez pitié des hommes" […] Pauvres hommes ! Vous brûlez votre sang et vie dans d'ardentes subtilités. Quoi d'étrange que votre imagination veuille une fontaine d'eau fraîche ? […] Reposez votre tête sur notre poitrine ; regardez ces jeunes seins, comme ils vous désirent[20] !

Pour la raison que j'ai indiquée (la marginalité du thème érotique…), *Le Prêtre de Nemi* (et *Caliban* aussi…) échappent à ce cliché, qui caractérise l'œuvre dramatique de Renan. Peut-être, Renan est plus à son aise dans son habit d'érudit et d'historien que dans l'habit (improbable) de barde de l'amour, avec sa harpe celtique.

Sans l'entrave du discours amoureux (avec son corollaire d'allusions grivoises), la tragédie d'Antistius, le prêtre réformateur, fait ressortir toute la valeur, les qualités de l'écriture renanienne : c'est-à-dire la caractérisation des personnages, l'opposition des sentiments (la loyauté, la lâcheté, l'honneur), le paradoxe insolite et insolent.

Ce sont des feux d'artifice de la pensée, des intuitions sagaces, qui touchent le lecteur plus que l'intrigue mise en scène. Un exemple :

> La religion est un tout auquel on ne touche pas. Retrancher quelque chose à ces pratiques séculaires, c'est les détruire. Elles ne supportent pas la discussion. Dès qu'on raisonne sur la religion, on est [*déjà*] athée[21].

En conclusion, (revenons au point de départ) pourquoi Renan s'est-il décidé à écrire des drames ? Certes, comme il dit, l'action dramatique « vaut mieux » pour mettre en saillie les demi-jours, les doutes, les allées et venues de la pensée, que toutes les discussions abstraites[22].

Mais il y a un autre motif, inavoué, qui pousse Renan à privilégier le drame comme moyen de communication philosophique.

---

20 *L'Eau de Jouvence*, p. 515.

21 *O.C.*, t. III, p. 539.

22 *Cf.* [*préface de 1888* à *Drames philosophiques*], *O.C.*, t. III, p. 372.

Un trait saillant de l'écriture renanienne est sa complexité (ou, si l'on veut, son ambiguïté). Une écriture qui se caractérise par des continuels, imprévisibles *déplacements*, si bien que le lecteur, déconcerté par ces flottements, se demande : jusqu'à quel point est-il sincère ? autrement dit, où se cache-t-il *le vrai* Renan ? Pour décrire cette *versatilité* renanienne, Barbey d'Aurevilly employait l'image du « mercure qui s'éparpille » ; plus récemment, Laudyce Rétat a parlé d'« un savant jeu de masques ».

Le théâtre, lieu des masques par excellence, permet de multiplier à l'infini le jeu des déguisements et des identifications. Ce jeu permet à la fois de nier ou d'affirmer n'importe quelle opinion, sans que le lecteur/spectateur puisse savoir à quelle opinion, à quel personnage, l'Auteur se range à un moment donné de l'action scénique. Affranchie de l'obligation de parler à la première personne et, par conséquent, de toute prise de position individuelle, la pensée de Renan se reflète (« s'éparpille ») dans les personnages évoqués et devient drastique, tranchante comme jamais. Et nous ne saurons jamais si tel geste, telle phrase, telle conduite sont partagés, ou non, par l'Auteur.

Selon Péguy, rares sont les textes dans lesquels Renan laisse entrevoir sa pensée et même quelques aperçus de son arrière-pensée :

> Il faut que toute la vieille rouerie des ancêtres marins et pêcheurs et des ancêtres paysans [*de Renan*] se soit maintenue en dessous, ait nourri son homme, son vieil enfant, ait soutenu la constance de la défense oblitérée. Une telle ruse, une telle astuce, d'une telle constance, d'une telle perfection, est beaucoup trop accomplie pour être une simple astuce intellectuelle. Il faut que ce soit une astuce de paysan, une astuce héréditaire demeurée toujours vigilante, et infatigable[23].

D'après Péguy, la pensée de Renan demeure sciemment insaisissable : la forme théâtrale convient parfaitement à cette stratégie de la dissimulation, à cette esthétique du mimétisme.

---

23 Charles Péguy, *De la situation faite à l'histoire et à la sociologie dans les temps modernes* (1906), dans *Œuvres en prose (1898-1908)*, Paris, Gallimard, 1959, p. 1015.

Renan, on le sait, est le Maître des nuances ; à l'instar de Montaigne, il sait que *la Vérité* absolue, éternelle est une chimère... Il nous apprend (et c'est en cela que réside sa modernité) que la soi-disant vérité est comme « le cou de la colombe » aux multiples nuances de couleurs[24].

Je cite l'*Avant-propos* du *Prêtre de Nemi* :

> je ne suis pas un prêtre ; je suis un penseur ; comme tel, je dois tout voir. Un ouvrage bien complet ne doit pas avoir besoin qu'on le réfute. L'envers de chaque pensée doit y être indiqué, de manière que le lecteur saisisse d'un seul coup d'œil les deux faces opposées dont se compose toute vérité[25].

Cette phrase aurait beaucoup plu à Montaigne...

Grâce à cette souplesse intellectuelle, il se passe que, sur la scène, Renan « est » Antistius, le prêtre réformateur, mais aussi Metius, l'aristocrate rusé ; il est à la fois Voltinius, le citoyen modéré, et Liberalis, le chef de la bourgeoisie éclairée. Dans ses métamorphoses, il devient même l'abominable Ganeo, le gardien de l'antre de la Sybille. Celui-ci proclame :

> [*le monde*] n'est pas une œuvre sérieuse, c'est une farce, l'œuvre d'un démiurge jovial. La gaieté est la seule théologie de cette grande farce[26].

C'est bien un paradoxe typiquement « renanien ».

Ce qui nous frappe, dans *Le Prêtre de Nemi*, est la véhémence avec laquelle Renan expose ses opinions par la bouche de ses personnages ; à l'abri derrière ses masques, il peut mettre de côté la prudence qui caractérise souvent ses œuvres historiques – une prudence d'évêque, « le miel ecclésiastique », comme l'appelait Goncourt.

C'est pour ça que *Le Prêtre de Nemi* est précieux : ici, il n'y a pas de « peut-être » ou de « paraît-il » : « le scepticisme esthétique » dont Renan a souvent été accusé. Ici, Renan se dévoile, sans réserves et sans réticences. Ici, il se laisse aller.

---

24 *Cf. Souvenirs d'enfance et de jeunesse* (1883), *O.C.*, t. II, p. 758.

25 *O.C.*, t. III, p. 526.

26 *O.C.*, t. III, p. 583.

Au point de vue de la trame, la pièce laisse à désirer. Par exemple, Antistius et son prédécesseur Tetricus meurent hors de la scène, d'une façon improbable : Tetricus meurt « de rage » ; la rage est une gêne déplorable, certes, mais on a du mal à la croire mortelle. En général, dans cette pièce, les protagonistes meurent (ou sortent de la scène) d'une façon expéditive. On dirait que l'Auteur a hâte de se débarrasser de certains personnages pour mener jusqu'au bout ses divagations philosophiques…

La malheureuse Carmenta, la prophétesse, ne se conduit pas en austère matrone romaine (selon l'intention de l'Auteur), mais plutôt en maîtresse jalouse et possessive, comme une héroïne, enflammée d'amour, de Gyp ou de Pierre Loti. Cependant, ce n'est pas pour cela (la crédibilité des personnages et de la trame) qu'il vaut la peine de lire ce drame. Les raisons sont bien indiquées par Paul Bourget. Je termine avec les paroles qu'il dédie au *Prêtre de Nemi* :

> M. Renan ne se préoccupe pas de justifier son intrigue… La gaucherie même de ses procédés de mise en scène achève de donner un charme singulier à ses compositions. Elles rappellent […] ces peintures des maîtres primitifs où l'extrême complication du symbole s'unit à une adorable maladresse dans l'art de poser sur pied les personnages. Les mains ne s'attachent pas aux bras ; les corps ont plus de douze fois la grandeur de la tête ; le moindre élève des Beaux-arts rectifierait ces académies insuffisantes, comme le moindre vaudevilliste rebouterait les scènes et les dialogues de M. Renan. Mais on trouve dans les primitifs, comme dans M. Renan, ce qui vaut mieux que toutes les habilités techniques, ce trésor rare et divin : une pâture pour l'âme[27].

Valentino PETRUCCI

27 Paul Bourget, *Essais de psychologie contemporaine*, *op. cit.*, p. 100-101.

BIBLIOGRAPHIE

BOURGET, Paul, *Essais de psychologie contemporaine*, Paris, Plon, 1916.

FRAZER, James G., *Sur Ernest Renan*, Paris, Claude Aveline éd., 1923.

GIDE, André, *Journal (1929)*, Paris, Gallimard, 1939.

GONCOURT, Edmond et Jules de, *Journal* (1851-1896), Paris, Robert Laffont, 1989, t. II et III.

GOUHIER, Henri, *Renan auteur dramatique*, Paris, Vrin, 1972.

LA FERLA, Giuseppe, *Renan politico*, Firenze, De Silva – La Nuova Italia, 1953.

PÉGUY, Charles *De la situation faite à l'histoire et à la sociologie dans les temps modernes* (1906), dans *Œuvres en prose (1898-1908)*, Paris, Gallimard, 1959.

POMMIER, Jean, *Renan d'après des documents inédits*, Paris, Librairie académique Perrin et Cie, 1923.

RENAN, Ernest, *Souvenirs d'enfance et de jeunesse*, *Œuvres complètes*, édition Henriette Psichari, Paris, Calmann-Lévy, 1947-1961, t. II.

RENAN, Ernest, *Examen de conscience philosophique*, *Œuvres complètes*, édition Henriette Psichari, Paris, Calmann-Lévy, 1947-1961, t. II.

RENAN, Ernest, *Drames philosophiques*, *Œuvres complètes*, édition Henriette Psichari, Paris, Calmann-Lévy, 1947-1961, t. III.

RENAN, Ernest, *Histoire du peuple d'Israël*, *Œuvres complètes*, édition Henriette Psichari, Paris, Calmann-Lévy, 1947-1961, t. VI.

RENAN, Ernest, *Correspondance*, *Œuvres complètes*, édition Henriette Psichari, Paris, Calmann-Lévy, 1947-1961, t. X.

ROME, DÉCEMBRE 1886, LA RÉVÉLATION DE *L'ABBESSE DE JOUARRE*

Parue le 15 octobre 1886, *L'Abbesse de Jouarre* est représentée à Rome, le 7 décembre suivant, en première mondiale, dans la traduction du critique, philosophe, écrivain et poète, Enrico Panzacchi, par Eleonora Duse, qui doit sa célébrité au théâtre de Dumas fils, alors que la pièce, refusée par Sarah Bernhardt, n'est jamais jouée en France. Les trois premiers drames philosophiques de Renan se déroulent à Pavie, Milan, Albe et Nemi, et ce dernier est le seul à n'avoir pas l'Italie pour décor. C'est le pays où Renan découvre l'art, la religiosité, l'amour, lors de son long séjour à Rome, en 1849-1850, où il revient en 1872, remportant un triomphe, et bien des fois pour des congrès ou pour des vacances, où il a de fidèles amis, où il est extrêmement connu et estimé, comme le montre la fervente admiration pour son œuvre qui se déclare à sa disparition, en 1892, supérieure peut-être à celle même de ses compatriotes. En réalité l'Italie n'est pas absente de *L'Abbesse*, puisque, dès la scène 3, fuse une allusion à la vivacité des Napolitains, à la scène 2 de l'acte II, est évoqué Dante, à la scène 6 de l'acte III, sont nommées les héroïnes de la Rome antique, à la scène 2 de l'acte IV, le Palais du Luxembourg, qui semble refléter les sentiments de la protagoniste, paraît un rappel à Marie de Médicis qui prit pour modèle le Palais Pitti de Florence, et à la scène 2 de l'acte V, le frère de l'abbesse retrace la subtile diplomatie déployée en vue du Concordat par la Cour de Rome[1].

1 Sur le drame à Rome, *cf.* Faitrop-Porta, Anne-Christine, « *L'Abbesse de Jouarre* », *Études renaniennes*, a. XIX, n° 68, 2e trimestre 1987, p. 5-27, et sur l'interprétation

Quant à l'Italie, qui ne conquiert son unité qu'en 1861 et ne fait de Rome sa capitale qu'en 1870, alliée par la Triplice à l'Allemagne et à l'Autriche, si elle est hostile à la France sur le plan politique, elle la choisit pour modèle, à la fin du XIXe siècle, dans les différents domaines de la culture et de l'art, de la mode et de la gastronomie, au point que Pirandello, en 1895, se plaint amèrement de la servilité de son pays à l'égard de la France[2]. C'est indéniable, principalement au théâtre, car la coexistence des dialectes régionaux et de la langue, la lente formation d'une bourgeoisie, le manque d'auteurs de valeur et de compagnies d'acteurs non itinérantes, expliquent l'écrasante prépondérance de la trinité des Sardou, Augier et Dumas. Eleonora Duse qui a connu ses premiers succès dans *Thérèse Raquin* et dans *La Princesse de Bagdad* et a inspiré à Dumas fils *Denise*, s'est spécialisée dans ces rôles, aussi Dumas fait-il son éloge auprès de Renan[3].

---

de la Duse, *ead*, « E. Renan ed E. Duse, l'avventura italiana dell' *Abbesse de Jouarre* », *Antologia Vieusseux*, Florence, a. XXVI, n° 77, mai-août 2020, p. 5-39, étude fondée sur une centaine d'articles dans la presse contemporaine. Que soient ici remerciés le Musée de la Vie romantique, le Musée d'Asolo, la Fondation Primoli de Rome, la Bibliothèque de Genève, les Bibliothèques Nazionale et Umanistica de l'Université à Florence, Archiginnasio à Bologne, Alessandrina à Rome. Le Musée de la Vie romantique possède un ensemble de documents sur le drame, CSR, ms. 38, 1-41 bis, comprenant la feuille de recette des représentations de 1886-1887, signée de la Duse, des lettres de Renan à l'éditeur Calmann-Lévy et les réponses, sept lettres d'Enrico Panzacchi, une lettre de J. Moleschott, ami de la Duse, la lettre de l'actrice, deux lettres d'Antoine, deux lettres de Paul Alhaiza du théâtre Molière de Bruxelles et deux curieuses lettres, CSR, ms. 38, 10, 13, d'un Guillaumin refusant que son nom figure dans la pièce et donnant sa « démission » de geôlier, démarche pirandellienne avant la lettre. Renan, Ernest, *L'Abbesse de Jouarre, Drames philosophiques, Œuvres complètes*, t. III, Paris, Calmann-Lévy, 1949, p. 622, 639, 650, 662, 674-675. Une des sources du drame est une lettre de Catherine de Sienne, *cf. id.*, lettre à H. Fouquier, 26-X-1886, *Correspondance 1845-1892*, O.C., t. X, Paris, Calmann-Lévy, 1961, p. 950 ; Chassé, Charles, « Les Sources de *L'Abbesse de Jouarre* », *Revue d'histoire littéraire de la France*, Paris, Colin, LXIV, n° 2, avril-juin 1964, p. 267-278.

2 *Cf.* Pirandello, Luigi, « Studi letterari », *Roma letteraria*, Rome, a. III, n. 13, 10-VII-1895, p. 309.

3 Renan, Ernest, lettres de décembre 1886, datées ici par erreur de 1884, O.C., t. X, *op. cit.*, p. 927-928. Si dans *Denise*, le personnage de Thouvenin s'inspire de Renan et celui de l'héroïne, de la Duse – *cf. Ernest Renan*, Paris, Bibliothèque Nationale, 1974, p. 169 ; Bertolone, Paola, *Sarò bella e vincente. Le Lettere di E. Duse al conte G. Primoli*,

Ces raisons ne suffisent pas à expliquer la création à Rome d'un drame que refuse Paris. S'y ajoutent les réactions en France à la parution du livre dont le sujet scandalise, s'agissant d'une nonne qui, sous la Terreur, à la veille de son exécution, cède à un admirateur de sa jeunesse, puis devient mère et épouse un officier, défenseur de la France, avec la bénédiction de sa famille, du Consulat et de l'Église, en vertu du Concordat. Outre l'audace du propos, se pose le problème de l'essence même du drame, philosophique ou théâtral, et de sa composition, ascendante ou partagée en deux registres, l'un traitant de l'amour affrontant la mort, l'autre de la naissance d'une nouvelle société. Héros et personnages secondaires participent également à cette difficile transition et l'héroïne qui se libère des liens de la religion pour se soumettre à de nouvelles obligations, éveille à Rome des échos auxquels Paris reste sourd. Les critiques italiens, lettrés, romanciers, poètes, auteurs dramatiques, affluant de toutes les régions d'Italie dans la nouvelle capitale, en cette période très brillante, connaissent admirablement la culture française, qu'ils commentent avec passion, de même que les lecteurs. Le livre, en effet, est très tôt en vente à Rome, où l'on n'ignore rien des sources historiques de la véritable abbesse. La réception de *L'Abbesse de Jouarre* est donc très révélatrice.

Des trois premiers actes du drame ayant pour sujet la rencontre de la moniale et du marquis, à la veille de leur exécution, c'est le deuxième qui illustre la conception de l'amour. Dans cette prison qui s'inscrit dans la lignée des cellules chères à Hugo et à Dumas et rappelle l'amoureuse réclusion stendhalienne, d'Arcy représente à Julie que leur union sera sans conséquences : « Le fruit de notre amour mourra avec nous, avorton de quelques heures, perdu dans le sein de la nuit infinie » et il affirme que « l'amour est l'expression intense du bien » s'imposant « sans loi, sans limites », à la veille de la

---

Rome, Edizioni di Storia e Letteratura, 2018, p. XLII, 8-10, 14, 27-35, 51, et *passim* –, Dumas est l'auteur de la rencontre d'abord sur scène, ensuite dans la réalité, enfin dans la représentation théâtrale, du philosophe et de l'actrice. Sur Dumas, *cf.* aussi *infra*, n. 39.

mort[4]. S'érigeant en « prêtre », il lui prêche qu'elle doit abandonner sa virginité, car c'est « la vraie grandeur de la femme », voulue par Dieu, et lorsque Julie cède, l'acte est qualifié de « commencement de l'éternité », l'amour n'étant autre que « la révélation de l'infini[5] ». À ceci s'ajoutent les deux « Avant-Propos » aux éditions du drame, en 1886, dans lesquels Renan illustre le lien entre l'amour et la mort :

> Je m'imagine souvent que, si l'humanité acquérait la certitude que le monde dût finir dans deux ou trois jours, l'amour éclaterait de toutes parts avec une sorte de frénésie

car, délivré des règles sociales, « le plus puissant » des instincts naturels se donnerait libre cours et atteindrait à « l'infini », accordant l'homme avec l'univers et avec l'au-delà, dans « l'acte de prière le plus parfait[6] ». De ce « caractère sacré » de l'amour sont témoins les premiers chrétiens, à la veille du martyre, et la Bretonne se signant, à l'instant de « la jouissance suprême[7] ». Le second « Avant-Propos » évoque Platon défendant *Phèdre* comme une œuvre « élevée, morale » et qualifiant le « véritable Orphée » à savoir l'amour, « de grand, de pur, de saint », car, infiniment plus vaste que « la relation entre les deux sexes », il est « l'âme du monde » et, à l'unisson de ces propos, vibre le décor : « Ce matin-là, le ciel et la terre échangeaient des baisers inouïs de tendresse[8]. »

---

4 Renan, Ernest, *L'Abbesse*, *op. cit.*, p. 635, 636. *Cf.* Brombert, Victor, *La Prison romantique*, Paris, Corti, 1975, sur Stendhal, p. 73, 76, sur Beccaria et sur Pellico, p. 43-44, 81, mais ne mentionne pas Renan.

5 Renan, Ernest, *L'Abbesse*, *op. cit.*, p. 638, 639, 640, 642.

6 *Id.*, « Avant-Propos de la première édition », *ibid.*, p. 612.

7 *Ibid.*, p. 613.

8 *Id.*, « Avant-Propos de la 21e édition », *ibid.*, p. 616, 617. Une lettre de Renan du 26-X-1886 préfigure cet « Avant-Propos » du 2-XII-1886 et une autre lettre du 29-VII-1888, adressée à Anatole France, qualifie l'amour « de religieux et de grave », « une sorte de communion avec l'univers », *cf. id.*, O.C., t. X, *op. cit.*, p. 950, 992. Sur *L'Abbesse* comme « reconversion charnelle de la religion », « sensualité mystique », fusion par la transgression du sensuel et du sacré, *cf.* l'analyse de Laudyce Rétat, *Religion et imagination religieuse dans l'œuvre de Renan*, Paris, Klincksieck, 1977, p. 425, 445, *cf.* p. 429-430, 448, et *passim.*

Alors même que Renan affirme : « J'écris pour les purs », se déchaînent les attaques qu'il taxe de « polissonnerie grivoise » et de « gaudriole drolatique » et qu'il attribue au tempérament gaulois, et *L'Abbesse* est, en effet, la cible facile de quolibets qui transforment Jouarre en « Joie » ou en « Fouarre » et on raille volontiers son auteur : « Ernest s'amuse[9]. » Il n'est pas jusqu'à Jules Lemaître qui, fidèle admirateur de Renan, commençant sa critique du drame en réprouvant les « simples nigauds » et leur « air émoustillé », ne se laisse aller à remarquer que les deux héros « s'en donnent ! », manifestent « du tempérament » et que « la chose » est un bien étrange « genre de baptême[10] ».

Le côté audacieux du drame n'échappe pas aux critiques italiens, fort connus comme Ruggiero Bonghi, Luigi Lodi, Salvatore Barzilai, et dont la plupart sont auteurs de théâtre, ainsi Luigi Suner, Eugenio Checchi, Parmenio Bettoli, Raffaello Barbiera, Leone Fortis, Francesco D'Arcais, Ugo Capetti, Edoardo Boutet, Roberto Bracco, Michele Uda, et en particulier Giuseppe Giacosa, interprété par Sarah Bernhardt et traduit par Paul Alexis, quelques années plus tard, qui entend corriger, dans un long article en première page du quotidien de Turin, les arguments abstraits de d'Arcy dans un « rire rabelaisien », mais ce n'est aucunement dans un but libertin, car il juge bien au contraire que Renan fonde les discours de son personnage non pas sur l'amour, mais sur le plaisir, d'où leur caractère « impudique » bien plus que l'acte lui-même[11]. Cette critique suscite une intéressante polémique

---

9 Renan, Ernest, « Avant-Propos de la 21e édition », *op. cit.*, p. 617 ; lettre du 26-X-1886, O.C., t. X, p. 950. Popinot, « Ernest s'amuse », *Le Gaulois*, Paris, a. XX, n° 1511, 26-X-1886, p. 1 ; « À propos de *L'Abbesse de Fouarre* », *La Vie parisienne*, Paris, a. XXIV, n° 46, 13-XI-1886, p. 640-641, la revue feint d'interroger sur le sujet touchant « autant à la physiologie qu'à la psychologie », des personnages de l'histoire et de la culture, et « Maupassant » de s'exclamer : « En voilà des façons pour une simple rigolade à la porte de l'éternité ! »

10 Lemaître, Jules, *Impressions de théâtre*, 1re série, Paris, Boivin, s.d., critique datée du 24-X-1886, p. 255, 262.

11 Giacosa, Giuseppe, « *La Badessa di Jouarre* », *Gazzetta piemontese*, Turin, a. XX, n° 343, 12-XII-1886, p. 1. *Cf.* Faitrop-Porta, Anne-Christine, « G. Giacosa et P. Alexis », *Revue de littérature comparée*, Paris, a. 68, n° 4, oct.-déc. 1994, p. 445-459.

entre le romancier spiritualiste Antonio Fogazzaro de Vicence écrivant à son ami Giacosa, le 19 décembre 1886, pour réfuter la liberté de l'amour à la veille de la mort et critiquer âprement le drame, Giacosa lui répondant, le 27, et faisant amende honorable, et le romancier sicilien, auteur de théâtre vériste, Verga, condamnant sans appel, dans une lettre à Giacosa du 24 décembre, la pièce, son adaptation et l'actrice qui la fait applaudir ; puis Giacosa citant, dans un nouvel article, l'avis de ses deux amis lettrés, mais pris aussitôt pour cible par un journal de Rome et par Verga le taxant plaisamment, dans une lettre du 4 janvier, de « traître[12] ». Cet échange entre le nord et le sud de la péninsule, entre des tendances littéraires opposées, entre les lettrés et la presse, né d'un drame philosophique, illustre le brio de la vie culturelle en Italie, à la fin du XIXe siècle.

Les arguments de Giacosa vont bien au-delà des allusions libertines et s'agissant d'un dramaturge, s'inscrivent dans une critique plus vaste du caractère théâtral ou philosophique de *L'Abbesse* et de sa cohérence ou de son manque d'unité. Sur ces deux points la critique italienne ne tarit pas. Dans la « Préface » à ses *Drames philosophiques*, Renan écrit : « La forme dramatique est de beaucoup la plus belle forme littéraire », tout en déclarant que ses pièces « ont été conçues à mille lieues de toute pensée de représentation scénique », mais au début d'octobre 1886, dans une lettre à son éditeur à propos de *L'Abbesse*, il avoue :

> [...] les règles scéniques sont plus observées dans cette composition que dans *Le Prêtre de Nemi* et mes autres drames philosophiques, si bien que l'idée de représentation doit être prévue

12 *Cf.* Fogazzaro, A., Giacosa, G., *Carteggio (1883-1904)*, éd. Palmiero, O., Vicenza, Accademia Olimpica, 2010, p. 79, 81 ; *Carteggio Verga-Giacosa*, éd. *id.*, Fondazione Verga, Enno Edizioni, 2016, p. 104-107 ; Giacosa, G., « Per conto mio », *Gazzetta piemontese*, Turin, a. XXI, n° 3, 2-I-1887, p. 1 ; « Ciarle e scarabocchi », *Capitan Fracassa*, Rome, a.VIII, n° 4, 4-I-1887, p. 1. Un passage d'une lettre de Renan à Panzacchi sur une abbesse « emmitouflée de dévotion » et sur Julie mieux comprise en Italie qu'en France, est repris par D'Annunzio et par plusieurs autres critiques, prouvant ainsi la vivacité des courants animant la presse italienne de l'époque, *cf.* E. Renan, lettre à E. Panzacchi, 31-X-1886, *Études renaniennes*, n° 116, oct. 2015, p. 147-149 ; Il Duca Minimo, [G. D'Annunzio], « Si alza il sipario », *La Tribuna*, Rome, a. IV, n° 337, 9-XII-1886, p. 2.

alors que dans une lettre de 1888, il affirme : « N'ayant pas écrit *L'Abbesse de Jouarre* en vue de la scène, je me méfie toujours de l'effet qu'elle y peut produire[13]. »

Or Henriette Psichari avance à juste titre, en 1950 :

> [...] dans aucun de ses drames [...] il ne s'est asservi aux exigences du théâtre comme dans *L'Abbesse de Jouarre*, autant pour la présentation des personnages que pour la mise en scène

et elle cite Antoine affirmant que « jamais, sur les planches, une idée aussi abstraite que celle de la mort magnifiant l'amour ne fut présentée d'une façon aussi saisissante [...] » ; elle observe que la genèse du drame va dans le sens d'une action de plus en plus théâtrale, des adjonctions de scènes aux modifications de répliques, des illustrations inspirant les décors aux indications facilitant les rebondissements[14]. Elle évoque les quelques tentatives de mise en scène d'Antoine, en 1888, considérant le drame comme une « pièce mère, absolument scénique » et le proposant à Sarah Bernhardt, qui le refuse, puis à Berthe Bady, en 1905-1906 ; cependant l'adaptation de Bataille, épris lui aussi de la pièce, mais rejetant l'acte V, fait échouer le projet[15]. Antoine soupçonne les actrices d'exiger la suppression de l'acte V qui, en donnant le dernier mot à La Fresnais, leur enlève la vedette, mais il semble bien que la Duse s'arroge la réplique finale[16]. À son tour, Henri Gouhier, dans sa monographie de 1972, ajoute une tentative

---

13 Renan, Ernest, « Préface », *Drames philosophiques*, O.C., t. III, *op. cit.*, p. 372, 373 ; lettre citée par Henri Gouhier, *Renan, auteur dramatique*, Paris, Vrin, 1972, p. 67 ; E. Renan, lettre à M. Althaiga, [Paul Alhaiza, directeur du théâtre Molière de Bruxelles], 1888, O.C., t. X, *op. cit.*, p. 1003.

14 Psichari, Henriette, « *L'Abbesse de Jouarre* au théâtre », *Revue d'histoire du théâtre*, Paris, a. II, I, 1950, p. 152-154.

15 *Ibid.*, p. 157-159. *Cf.* Antoine, *Mes souvenirs sur le Théâtre-Libre*, Paris, Fayard, 1921, p. 105-107, citant la lettre de Renan et évoquant sa visite à Sarah Bernhardt, qui dit ne pas connaître la Duse.

16 *Cf.* Psichari, Henriette, « *L'Abbesse de Jouarre* au théâtre », art. cité, p. 159. Dans le manuscrit de préparation de la traduction, Archiginnasio, Biblioteca Comunale de Bologne, mss. Tartarini, cart. IV, serie 4, posiz. 1, n° 4, p. 26 non numérotée, la réplique est rayée.

avortée de représentation de *L'Abbesse*, en 1944, avec Paquita Claude et dans une mise en scène d'André Villiers, au Théâtre La Bruyère[17]. Cependant Gouhier dénie la qualité théâtrale du drame, lui reprochant le manque de « style » et le jugeant trop philosophique dans la juxtaposition des thèmes de l'amour et du retour à la société[18].

En fait *L'Abbesse* révèle l'intention délibérée de son auteur de la rendre apte à la scène en choisissant des décors extrêmement précis, accentuant dans les trois intérieurs de la prison, un dépouillement qui reflète la mise à nu des cœurs et des corps, puis figurant, dans les jardins du Luxembourg et dans le parc d'un château des environs de Paris, une nature dont les bosquets et les allées soigneusement ratissées témoignent d'une parfaite et docile soumission non seulement à l'ordre, mais aussi au Concordat, puisque s'y trouve dûment mentionnée l'église « contiguë au parc[19]. » Les effets sonores sont aussi très expressifs, des chants révolutionnaires du début et des cris de la rue au tambour qui claque, du roulement de la charrette, décrite en détail, telle une préfiguration de la guillotine, aux coups frappés à la porte annonçant le départ fatidique des condamnés, des chants de victoire et de la musique militaire au carillon du Concordat résonnant par trois fois et à la « Légère impression de cloches dans l'air » marquant l'apaisement final[20]. La Fresnais est habillé du « costume militaire du temps » et l'abbesse est « vêtue d'un long costume noir et d'une sorte de voile qui l'enveloppe du haut de la tête jusqu'aux pieds. Bandeau blanc sur le haut du front », et ce bandeau, symbole

17 *Cf.* Gouhier, Henri, *Renan, auteur dramatique*, *op. cit.*, p. 156.

18 *Ibid.*, p. 9, 138, *cf. infra* et n. 40. *Cf.* Bompaire-Évesque, Claire, « Henri Gouhier et le théâtre de Renan », *Études renaniennes*, Paris, n° 109, déc. 2003, p. 93-101 ; n° 110, janvier 2007, p. 2-16. Autrand, Michel, « Théâtre de Renan et dramaturgie symboliste », *Revue d'histoire littéraire de la France*, Paris, a. 94, n° 1, janvier-février 1994, p. 59-73, défend Renan et voit dans ses drames une annonce du théâtre symboliste.

19 Renan, Ernest, *L'Abbesse*, *op. cit.*, p. 670, *cf.* p. 620, 631, 641, 652, 659, 669. On remarque la profusion des sièges, chaises ou bancs, indiquant, peut-être, l'assise d'une nouvelle société. À l'acte II, ne manque pas la mention d'une « couchette », dont la fonction reste, comme la porte, « dérobée », p. 631, 653.

20 *Ibid.*, p. 678, *cf.* p. 621, 622, 630, 642, 643, 644, 658, 662, 663, 675, 676.

de pureté, qui revient constamment dans les propos de Julie, devient, à la fin de l'acte III, l'instrument de son suicide, tandis que le tablier ou « torchon » et le bonnet qu'elle porte à la scène 1 de l'acte IV, disent assez sa chute[21]. La petite Juliette est toute dans son cerceau et dans ses bonds, jusqu'à ce qu'elle se blottisse dans les bras de Julie, rejoignant le sein maternel, jusqu'à la fin[22].

Les mimiques sont très détaillées pour les personnages secondaires comme pour les principaux, et il arrive qu'elles fassent corps avec le dialogue et avec l'action, ainsi Saint-Florent laisse-t-il se dessiner sur ses lèvres un « léger sourire[23] », suscité par l'empressement du pape à devancer les volontés du premier consul. Les mimiques de Julie sont les plus nombreuses, de ses regards à ses larmes, de ses soupirs à ses frissons et à ses sanglots, de son évanouissement, à la scène 2 de l'acte III, à son « rugissement » de la scène suivante, de ses mouvements « d'effroi » à sa recherche fébrile d'un lieu isolé, de ses « râles » à ses sursauts, puis du panier qu'elle manie à la main qu'elle tend une première fois à La Fresnais et à l'enfant qu'elle étreint « convulsivement », de son cri à ses pleurs, à la scène 2 de l'acte V, jusqu'à la main qu'elle tend inéluctablement à celui qu'elle accepte d'épouser, à la fin du drame[24]. Quant aux baisers « sur les lèvres[25] » ou sur la joue, ils sont rigoureusement précisés, à la scène 2 de l'acte II, comme les mains unies des deux amants, aux scènes 1 et 2 de l'acte III. Il n'est pas jusqu'aux expressions de l'héroïne que Renan n'ait dictées, aux deux moments culminants, à la scène 2 de l'acte II : « Le visage de Julie manifeste d'abord un trouble extrême ; puis il apparaît rayonnant de volupté », et à la scène 3 de l'acte V : « Son visage se détend peu à peu et finit par devenir rayonnant », l'écho soulignant le lien entre le plaisir et la félicité[26].

---

21 *Ibid.*, p. 625, 646, 659, 660, *cf.* p. 626, 628, 632, 649, 651, 652, 653.

22 *Cf. ibid.*, p. 670, 671, 672, 676, 677.

23 *Ibid.*, p. 675.

24 *Ibid.*, p. 645, 646, 653, 669, *cf.* p. 625, 626, 631, 633, 634, 635, 636, 644, 649, 650, 652, 657, 659-660, 661, 671, 673, 676, 677, 678.

25 *Ibid.*, p. 636, *cf.* p. 640, 641, 642.

26 *Ibid.*, p. 640, 678.

Parmi les critiques italiens, seul l'auteur de théâtre Giacosa perce à jour les intentions véritables de Renan, des droits d'auteur mentionnant que de *L'Abbesse*, au contraire des drames précédents, sont réservés les « Droits de représentation », à la façon dont l'auteur fait en sorte que d'Arcy puisse entrer dans la cellule de Julie et à son « invention d'une porte secrète ignorée jusque du gardien de cette prison si étroitement surveillée[27] », ingénieuse façon d'éviter un suicide en public. Cependant l'ensemble de la critique italienne reproche à la pièce son manque de vraisemblance et de lyrisme, ainsi que ses digressions philosophiques. Seul le style de son auteur, admiré de façon unanime, sauve ce drame. Il est curieux d'observer que c'est Panzacchi, le traducteur, aussi attaché qu'il soit à Renan, qui perçoit dans la pièce un fléchissement du style tendant à une douceur dont le but secret est de compenser un scepticisme croissant, et il est intéressant de retrouver par la suite ce reproche, confié sur un ton âpre à son journal par André Gide[28].

La critique juge que les trois premiers actes sur l'amour, à la veille de l'exécution, constituent une pièce et que les deux actes suivants la dénaturent. Dans l'« Appendice » à son drame, retraçant l'historique de la première à Rome et ses échanges de considérations avec Panzacchi et avec ses « amis », en fait le physiologiste et sénateur Moleschott, médecin et ami de la Duse, qui probablement inspire sa lettre sur les coupures à apporter, Renan écrit : « La difficulté était surtout de conserver l'intérêt, selon les habitudes du théâtre, après le troisième

27 Giacosa, G., « *La Badessa* », art. cité, 12-XII-1886, p. 1.

28 *Cf.* Panzacchi, Enrico, « Ernesto Renan drammaturgo », *Nuova Antologia*, Rome, a. XXII, fasc. 1, 1-I-1887, p. 12, 23. André Gide, dans son journal, en 1929, 1932, 1940, fustige *L'Abbesse*, « au-dessous du médiocre, enfantin », « peut-être ce qu'il a écrit de pire », et le style « flasque » des *Drames*, sa « mollesse » ; lorsqu'il se repent d'avoir sous-estimé l'auteur, à la lecture des *Dialogues*, il répète que cette écriture est « trop flaccide », Gide, André, *Journal*, II, 1926-1950, Paris, Gallimard, La Pléiade, 1997, p. 172, 173, 371, 372, 739. En revanche, Van Gogh juge les « belles paroles » de *L'Abbesse* dignes de Shakespeare, *cf.* Van Gogh, Vincent, *Lettres à son frère Théo*, Paris, Gallimard, 1988, lettre n° 597, p. 509, de 1889, et le Christ de Renan, « mille fois plus consolant » qu'il n'est présenté par les différentes confessions, *ibid.*, lettre n° 587, p. 488.

acte » ; il avoue que les actes IV et V, l'expiation et l'union selon les règles de la société, peuvent sembler « une idée de moraliste » convenant au roman, non au théâtre, et il propose son ébauche d'un quatrième acte se déroulant au tribunal révolutionnaire, puis il expose la décision conjointe de « borner la représentation aux trois premiers actes » s'achevant sur une tirade de Julie au sujet de la maternité[29]. En fait, la réponse de Renan à Moleschott du 10 décembre 1886 préfigure ces passages de l'« Appendice », mais ses lettres à Panzacchi reflètent ses contradictions, ainsi lui écrit-il, en octobre :

> Beaucoup de passages, surtout les réflexions philosophiques, sont plutôt en vue de l'œuvre littéraire que de l'œuvre dramatique. On pourrait les retrancher dans le texte destiné à la représentation… Donc, cher ami, je me fie entièrement à votre tact si exercé,

mais en décembre, il critique la suppression de l'acte IV mettant l'acte V « en porte-à-faux » et déclare : « […] je crois que la moralité et l'idée philosophique de l'œuvre résident tout entières dans la prolongation de vie de Julie[30]. » Il semble s'opérer chez Renan un revirement, dans les mois qui suivent, puisque deux lettres ayant trait à la représentation éventuelle de *L'Abbesse*, adressées à Antoine et au directeur d'un théâtre de Bruxelles, maintiennent les cinq actes, bien qu'il soit

> tout à fait contraire aux habitudes du théâtre de prolonger de deux actes une composition dont la partie culminante est au troisième acte ; mais ma pensée est absolument incomplète sans ces deux derniers actes. Ils

---

29 Renan, Ernest, « Appendice », *op. cit.*, p. 681, 683 ; *cf.* lettre de Moleschott, J., 8-XII-1886, Musée de la Vie romantique, CSR, ms. 38,16.

30 *Id.*, lettre à E. Panzacchi, 31-X-1886, Lipparini, G., « Umanità di Panzacchi », *Nuova Antologia*, Rome, a. 78, fasc. 1714, 16-VIII-1943, p. 232, *cf. Études renaniennes*, art. cité, p. 147. E. Renan, lettre à E. Panzacchi, 19-XII-1886, Bibliothèque de Genève, D.O., autog., 37/13, p. 2, 3, non numérotées, lettre citée par F. B. Crucitti, « Una lettera inedita di E. Renan a E. Panzacchi », *Rivista di letterature moderne e comparate*, Florence, Sansoni, vol. XX, n° 2, giugno 1967, p. 123-132. Renan fait allusion à une scène finale au tribunal. *Cf.* lettre de Renan à Moleschott, 10-XII-1886, B.N.F., Paris, ms. 11, 466, f° 160-161.

> les omettent à peu près en Italie, mais j'ai peine à me figurer que l'action générale, avec cette suppression, ne soit pas tout à fait boiteuse[31].

Le drame est donné en quatre actes à Rome, l'adjonction d'un résumé du quatrième au début du cinquième réunissant les deux derniers, ainsi que le prouve la traduction figurant dans une bibliothèque de Bologne, que fait rédiger Panzacchi, avant de publier sa traduction complète, et c'est bien cette première version qui est jouée[32]. Mais à Milan, à Palerme, à Turin, en 1887, à Florence et à Livourne, en 1888, à Naples, en 1889, à Trieste, en 1905, à Vienne et à Berlin, en 1906, la pièce est en trois actes, la Duse attribuant à son rôle et à la passion une prééminence absolue. Il est intéressant de remarquer que du nord au sud de la péninsule, de 1886 à 1905, les critiques ne cessent de discuter de la suppression des deux derniers actes, témoignant ainsi d'une profonde culture.

Lorsque Renan se refuse à éliminer les actes IV et V, ce n'est pas seulement pour faire renouer à son héroïne des liens sociaux inéluctables, mais afin de représenter l'évolution de sa pensée au sujet de l'ancien régime, de la Révolution, du Consulat et de la République. Dès la scène 3 de l'acte I, un comte s'emportant contre ses bourreaux, « race de singes », « vile canaille », s'entend rappeler par le marquis d'Arcy au « sentiment de la patrie » et à une vision élevée de l'avenir : « La justice est en avant de nous et non pas en arrière », tandis que, déjà, se profile le « temple des victimes » réunissant les « causes opposées[33] ». Si l'abbesse dénonçant la nation qui « égorge ses

31 E. Renan, lettres à Antoine, 15-VII-1888, et à M. Althaiga, [Paul Alhaiza], 1888, O.C., t. X, *op. cit.*, p. 991, 1003-1004.

32 *Cf.* Manuscrit d'Alfonso Tartarini, Bologne, Archiginnasio, Biblioteca Comunale, *op. cit.*, ms. Tartarini, cart. IV, serie 4, posiz. 1, n° 4, 28 pages non numérotées. *Cf.* Renan, Ernest, *L'Abbadessa di Jouarre*, trad. Enrico Panzacchi, Milan, Treves, 1887, cette traduction est complète. À Buenos Aires, en 1907, la « censure ecclésiastique » empêche les représentations, *cf.* Noccioli, G., « Diario 1906-1907 », Guerrieri, G., *E. Duse nel suo tempo*, *Quaderni del Piccolo Teatro*, III, 1961-1962, p. 66, 69. Sur ce manuscrit et sur la traduction, *cf.* Faitrop-Porta, Anne-Christine, « *L'Abbesse* », *Études renaniennes*, 1987, art. cité, p. 12-19.

33 Renan, Ernest, *L'Abbesse*, *op. cit.*, p. 622, 623, 624.

fondateurs », taxe les membres du tribunal de « forcenés » et si d'Arcy voit en eux des « tyrans », l'arrivée sur la scène de La Fresnais marque un tournant car il expose les raisons de son ralliement héroïque à l'armée révolutionnaire : « [...] le drapeau ignore la politique », et à Julie accusant « les brigands qui décapitent la patrie », il répond que seule « la victoire sur l'ennemi » pourra faire cesser « ces horreurs », et il qualifie les juges de « malheureux[34] ». À l'acte IV, au Luxembourg, un militaire rappelle le temps des « hideux tyrans », mais La Fresnais a soin de souligner que les heures de terreur font éclater les vertus, et un autre valeureux combattant admire que la Révolution ait créé des héros et que la République « sache faire la paix[35] ». S'insère alors le récit de l'anniversaire de l'indépendance américaine, suscitant une remarque railleuse chez un auditeur, tôt repris : « La victoire est la seule chose dont on ne puisse se moquer[36]. » Lorsque le marquis de Saint-Florent, à l'acte V, retrace la période révolutionnaire, il réussit à en effacer le sang et l'horreur : « [...] l'homme n'a eu momentanément d'autre loi que la noblesse de son cœur », et son éloge des « guerriers merveilleux » nés grâce à la Révolution, glorifie « la pacification des luttes de classes par l'héroïsme[37] ». Désormais c'est « l'effrayant génie » du premier Consul qui va rénover le pays et Julie acceptant avec ferveur d'épouser La Fresnais, dans sa dernière tirade, représente l'ancien régime s'accordant avec la victoire née de la Révolution : « Nous avons à refaire la France, unissons-nous[38]. »

Il est assez remarquable que cette pièce à laquelle on fait grief de n'être pas théâtrale et de juxtaposer une tragédie et une idylle, inspire deux scènes dans un quotidien italien, tandis que dans l'article du

34 *Ibid.*, p. 632, 642, 646, 648, 649.

35 *Ibid.*, p. 661, 662.

36 *Ibid.*, p. 665.

37 *Ibid.*, p. 671, 673.

38 *Ibid.*, p. 674, 678. En 1982, Regina Pozzi interprète la pièce comme le cheminement du philosophe de la condamnation de la démocratie à l'acceptation des institutions républicaines et à l'appréciation du rôle de Napoléon, à l'opposé des positions de Taine, « L'Ultima Meditazione di Renan sulla rivoluzione francese », *Critica storica*, Florence, Olschki, 1982, p. 352-372.

Temps qu'il consacre à *L'Abbesse*, en 1888, Anatole France se laisse aller à une longue saynète évoquant des condamnées élégantes et galantes dans l'attente de la guillotine, apportant ainsi une touche de couleur locale bannie du drame ; et Romain Rolland qui, dès sa parution, s'empresse de lire la pièce, s'inspire, par la suite, du théâtre de Renan dans son œuvre théâtrale[39]. En mai 1897, au théâtre de l'Œuvre de Lugné-Poe, est représenté *Le Fils de l'abbesse* conçu par Ambroise Herdey comme la suite du drame dont il reprend les personnages, dans un sens réactionnaire ; et dans le drame lyrique *Andrea Chénier* d'Umberto Giordano de 1896, l'auteur du livret, Luigi Illica, choisit l'appel des deux amants sur la charrette des condamnés comme scène finale ; tandis qu'une nouvelle de Panzacchi qui pourrait s'inspirer de la pièce et cite la Duse, met en scène une *Sainte Thérèse* du Bernin palpitante de volupté[40]. Ainsi *L'Abbesse* dément-elle les carences

39 *Cf.* La Dama bianca, « Fra gente letterata. Una tesi », *Capitan Fracassa*, Rome, a.VII, n° 326, 28-XI-1886, p. 1 ; Testoni, A., « Per causa della Duse », *ibid.*, n° 347, 19-XII-1886, p. 1-2 ; *cf.* France, Anatole, « La Vie littéraire. L'Amour en prison », *Le Temps*, Paris, a. XXVIII, n° 9948, 29-VII-1888, p. 2. Renan le remercie de cet article « charmant », qui l'a « vengé », lettre du 29-VII-1888, O.C., t. X, *op. cit.*, p. 992. En fait, France disserte sur le dialogue et le monologue, puis cite un dîner pendant lequel Renan défend son drame, en présentant les arguments de sa seconde « Préface ». Romain Rolland court acheter le drame et il est reçu par Renan, au Collège de France, le 26 décembre 1886. Il déplore « une sentimentalité fâcheuse » dans cette pièce à laquelle il préfère *Le Prêtre de Nemi*, mais il est influencé par le théâtre de Renan, *cf.* Rolland, Romain, *Le Cloître de la rue d'Ulm*, Cahiers Romain Rolland, IV, Paris, Albin Michel, 1952, p. 25 ; *id.*, lettre du 13-VIII-1905, *Chère Sophia*, *ibid.*, X, 1959, p. 231 ; *cf.* Duret, Serge, « R. Rolland face à E. Renan », *Revue d'histoire littéraire de la France*, Paris, n° 1, 1994, p. 89, *cf.* p. 74, 77, 78, 79, 81. Alexandre Dumas fils, selon le comte Giuseppe Primoli, ambassadeur de la culture entre la France et l'Italie, lui écrit, en 1886, que le projet de représentation de la Duse est « insensé » et l'auteur du drame, « encore plus insensé », lettre transcrite par G. Primoli, Rome, Archivio Primoli, Fondazione Primoli, inv. 20091, 43-45. L'étude de Paola Bertolone, « *L'Abbesse de Jouarre* di E. Renan nella realizzazione di E. Duse », *drammaturgia.it*, 14-XII-2015, p. 12, 26, cite aussi un court billet de la Duse à Primoli au sujet de *L'Abbesse*, p. 4, 24, qui figure dans *ead.*, *Sarò bella e vincente*, *op. cit.*, p. 47, *cf.* aussi p. 48, l'allusion de l'actrice à une lettre à Renan. Cependant Dumas fils fait à Renan l'éloge de la Duse, *cf. supra*, n. 3.

40 Sur cette pièce, *cf.* Altamura, Giuliana, *Lugné-Poe e l'Œuvre simbolista, una biografia teatrale (1869-1899)*, Turin, Accademia University Press, 2014, p. 307, et Lugné-Poe, *La Parade*, I, *Acrobaties*, Paris, Gallimard, 1931, p. 191-192 ; Giordano, U., *Andrea*

théâtrales dont on lui fait grief et les scènes italiennes dont l'une est signée de Testoni, auteur de théâtre, en témoignent.

Rome, en effet, entend le sens profond de *L'Abbesse*, dont est porteur chacun des personnages, depuis les héros, d'Arcy, La Fresnais et Saint-Florent, renonçant aux Lumières et à l'ancien régime au nom d'une nouvelle France, jusqu'aux hommes et aux femmes du peuple, aussi animés et pittoresques que les aristocrates sont hiératiques, mais non moins significatifs. Six d'entre eux portent un nom – celui d'un « nouvelliste » ou amateur de quotidiens, « Grommelard », est même cocasse –, un septième, le jardinier du château, à l'acte V, n'est désigné que par son prénom, selon l'usage de l'ancien régime, et d'autres restent indistincts : « Un sergent. Condamnés, militaires, nouvellistes, promeneurs[41]. » Le drame s'ouvre sur le dialogue du concierge et du commissaire des prisons qui avouent que la situation est « horrible », mais qui tirent fierté de n'avoir pas dérogé à leur rôle, car : « [...] d'autres seraient pires que nous. [...] nous trouvons encore le moyen de rendre service à de pauvres diables », et la suite montre que leur docilité vis-à-vis des révolutionnaires ne les empêche pas de témoigner de déférence envers les condamnés, le concierge s'adressant à l'abbesse à la troisième personne et le sergent se faisant l'entremetteur des désirs de d'Arcy[42]. Ce sont le concierge et sa femme qui raniment l'abbesse et cette Jeanne fait appeler l'abbé Clément et morigène Julie, lui répétant par deux fois : « Jamais on ne doit se tuer[43]. » Les marchandes de gâteaux des jardins du Luxembourg

---

Chénier, Venise, La Fenice, 2003, p. 60-61, Guanti, G., p. 115 ; Panzacchi, Enrico, *Ai piedi della Santa, I Miei Racconti*, Milan, Treves, 1900, p. 132-150, et *Novelle della Roma umbertina*, Rome, Ed. Salerno, 1992, p. 126-138. Gouhier, Henri, *Renan, auteur dramatique*, *op. cit.*, p. 138-139, imagine une adaptation de *L'Abbesse* pour le cinéma.

41 Renan, Ernest, *L'Abbesse*, *op. cit.*, p. 619, 663-666, 670, 675-676. Le *Trésor de la langue française. Dictionnaire de la langue du XIX*e *et du XX*e *siècle*, t. XII, Paris, Gallimard, 1986, p. 277, indique pour « nouvelliste » : « personne qui s'attache à recueillir et à répandre des nouvelles » et donne une citation de Renan.

42 Renan, Ernest, *L'Abbesse*, *op. cit.*, p. 620, 621, *cf.* p. 626, 630, 643-645, 650-651, 653, le concierge et le commissaire des prisons appellent Julie tantôt « Madame », tantôt « citoyenne », selon qu'ils sont seuls avec elle ou en public.

43 *Ibid.*, p. 654, *cf.* p. 653.

disent leur estime pour le courage de la jeune mère et leur soulagement que soit révolue l'époque de la guillotine, car couper la tête des aristocrates, « c'est trop[44] », et elles se réjouissent que revienne le temps du plaisir. Les deux nouvellistes lisent dans *Le Moniteur*, un article contre les émigrés, puis le compte rendu du banquet célébrant la « liberté américaine » et souhaitant « l'indépendance et le bonheur du peuple français », et le jardinier qui, à l'acte V, ratisse avec tant d'application les allées dans le parc du château, tout en affirmant ne pas fréquenter l'église, approuve le Concordat[45].

Le langage de ces personnages est aussi coloré que les tirades des héros sont élevées, du « paquet pour l'autre monde » qu'il convient de ne pas hâtivement « déficeler » au vent qui « change vite, ces jours-ci », de « Madame » qui « libre comme l'air » pourra se permettre « toutes ses petites fantaisies » à l'anacoluthe : « [...] je déguerpirais, moi et ma femme », et les marchandes de s'étonner que les aristocrates aient des enfants « tout comme nous » et d'encourager La Fresnais dont la « jolie figure » ne peut manquer de lui procurer des « consolations[46] ». Plutôt que des chœurs, ces personnages secondaires représentent en prose cette nouvelle France, dont les héros déclament l'épopée. Rares sont les commentateurs qui leur prêtent quelque attention, encore est-ce injustement comme Jules Lemaître accusant le geôlier et les marchandes de s'exprimer dans la même « langue indéfinissable » que les protagonistes, et il faut attendre Henriette Psichari pour trouver une brève mention du « langage parlé » des gardiens et des promeneurs[47]. Dans sa lettre du 19 décembre 1886 à Panzacchi, Renan affirme : « Ce qui est important, c'est qu'on voie bien l'expiation de Julie, sa vie plébéienne, son courage », marquant ainsi la signification profonde de l'acte IV[48].

44 *Ibid.*, p. 659.

45 *Ibid.*, p. 664, *cf.* p. 670, 675-676.

46 *Ibid.*, p. 644, 650, 651, 660, 669.

47 Lemaître, Jules, *Impressions de théâtre*, *op. cit.*, p. 260 ; Psichari, Henriette, « *L'Abbesse* », art. cité, p. 152.

48 E. Renan, lettre à E. Panzacchi, 19-XII-1886, Bibliothèque de Genève, D.O., autog., 37/13, *op. cit.*, p. 3 non numérotée.

Si le contraste entre les héros et les personnages secondaires est ainsi marqué, c'est la protagoniste aux trois noms – « l'abbesse » à l'acte I, « Julie » à l'acte II, lorsqu'elle retrouve sa personnalité, « Madame Jouan » à l'acte IV, à l'époque de l'expiation – qui réunit en elle toutes les contradictions, écartelée entre la religion et la liberté, entre la vertu et la volupté, entre l'orgueil et l'humilité. Celle que d'Arcy dépeint comme une sainte qui a lu Voltaire et Rousseau, entre dans les ordres par tradition familiale, mais elle a pour but de réformer l'Église, et sa morale, comme le soulignent son confesseur et son frère, n'est pas « celle de tous » : « [...] vous laissiez à un personnel inférieur le soin de croire pour vous et de pratiquer les devoirs humbles de la vie religieuse[49]. » Lorsque d'Arcy se pose en « prêtre » et distingue « le vrai Dieu », favorable au consentement à l'amour, du « dieu des moines », lorsque Saint-Florent élève ce consentement au rang de « sacrement, et le plus auguste de tous », qu'il se charge d'absoudre Julie et qu'il présente le Concordat – non sans lancer une flèche à la cour de Rome, « toujours fortement influencée par la victoire » – comme la réconciliation sacrée de l'ancien et du nouveau, ils témoignent qu'il revient aux esprits d'élite d'interpréter la religion[50]. Julie qui revendique son vœu à la patrie plus qu'à l'Église, qui en se suicidant, pense « réajuster » le hasard, qui se dit « sacrée » en vertu de son expiation, est la digne représentante d'une religion s'ouvrant à la nature, au monde et à ses nécessités[51].

Cependant la confession de l'héroïne met l'accent non sur la miséricorde divine que, curieusement, l'abbé Clément restreint à « ces temps de bouleversement », ni sur le péché commis, mais sur l'orgueil d'une abbesse se conduisant en « princesse » et refusant les règles communes[52]. Ce même reproche est formulé, à l'acte IV, par La Fresnais : « Oh ! je la voudrais faible », et repris, à l'acte V, avec une insistance marquée, par Saint-Florent : « Vous forcez les limites de la nature humaine ;

49 *Id.*, *L'Abbesse*, *op. cit.*, p. 674, *cf.* p. 628, 656, l'abbé Clément en fait un reproche à Julie, alors que, pour le marquis, son frère, c'est un mérite.

50 *Ibid.*, p. 638, 639, 671, 672, 675.

51 *Ibid.*, p. 651, 669, *cf.* p. 632, 633.

52 *Ibid.*, p. 654, 656, *cf.* p. 655, 657, 658.

vous la faussez par votre grandeur », jusqu'à ce que, dans sa dernière tirade, la protagoniste, enfin, affirme à La Fresnais : « J'abdique ma fierté entre vos mains[53]. » La beauté supérieure de Julie, admirée de tous, du début à la fin, du comte de La Ferté à d'Arcy, de La Fresnais aux passants et aux marchandes et jusqu'à son frère, ne suffit pas à justifier cette « grandeur[54] », que son amant, son confesseur, son frère et son futur mari s'obstinent à mortifier. D'Arcy la persuade de violer son vœu, l'abbé Clément la presse de vivre pour expier, son frère s'érigeant en « chef de famille[55] », lui impose le mariage et se dit heureux de la voir, enfin, fondre en pleurs, et son fiancé se réjouit qu'elle devienne épouse et mère. Julie, comme le lui signifie son frère, a perdu à jamais ses « droits régaliens[56] » et l'abbaye constituant le microcosme sur lequel elle exerçait tous les pouvoirs.

C'est l'enfant, plus encore que les quatre personnages masculins, qui fait tomber ou descendre Julie de son piédestal, tout d'abord par la seule perspective de sa naissance, qui la conduit à renoncer à la mort, puis par sa présence, à l'acte IV, cause vivante de l'expiation, enfin par ses interventions, à l'acte V. Sautillant trait d'union entre le jardinier et ses maîtres, entre sa mère et son oncle, Juliette, qui connaît le nom des fleurs, est la voix d'une nature soumise aux hommes, le fruit d'un amour sachant se plier aux devoirs imposés par la famille et par la société, ainsi que le représente Saint-Florent à sa sœur : « Cette enfant a droit à une famille [...] », et la petite de réclamer à Julie un frère « dont je serais la petite maman[57] ». Ainsi se perpétue la soumission, un bref moment violée, de la femme aux désirs, puis aux lois des hommes. Renan a soin, dans son « Appendice » au drame, de souligner dans un monologue de Julie achevant l'acte III, le pouvoir de la maternité : « La noblesse de la plus humble mère est

53 *Ibid.*, p. 669, 673, 678, *cf.* p. 671. D'Arcy évoque la « virile nature » de Julie et affirme : « L'humiliation est nécessaire à la femme » ; il donne en exemple Abélard domptant Héloïse et il imagine dans l'*Enfer* de Dante un « cercle des orgueilleuses », p. 628, 639.

54 *Ibid.*, p. 673, *cf.* p. 625, 627, 628, 647, 665, 666, 667.

55 *Ibid.*, p. 671, *cf.* p. 639, 656, 675, 676, 679.

56 *Ibid.*, p. 671, *cf.* p. 658, 672.

57 *Ibid.*, p. 670, 672, *cf.* p. 671.

supérieure à celle que donnaient tous mes anciens droits régaliens[58]. » Julie rentre dans le rang, et l'on croit entendre le Metius du *Prêtre de Nemi* affirmant : « La femme n'est rien sans l'homme », et Antistius lui-même prêchant à la sibylle Carmenta que la grandeur réside dans « la collaboration de l'homme et de la femme[59] ».

Des liens dont la société enchaîne Julie, libérée des vœux religieux lui attribuant de larges pouvoirs, les critiques italiens, attentifs, pourtant, à la complexité du personnage, ne font pas mention, et lorsque Henry Fouquier, en octobre 1886, dans *Le Figaro*, taxe Renan de « féministe », c'est dans le sens futile d'écrivain attirant l'attention des lectrices, et il ne laisse pas échapper cette occasion de déplorer l'indulgence de la culture contemporaine à l'égard des femmes[60]. En Italie, si la romancière Matilde Serao décrit la Duse dans *L'Abbesse*, on ne peut que regretter l'absence des nombreuses journalistes, poétesses et romancières qui, à la fin du XIXe siècle, animent les quotidiens et les revues de Rome et découvrent Gide, Bergson, Rodenbach ou Corbière[61]. En 1887-1888, *Francillon* de Dumas fils, souriante, mais âpre lutte d'une femme contre l'adultère masculin, remporte un très vif succès en Italie et en 1890-1891, *La Parisienne* de Becque, audacieuse satire du trio classique de l'adultère, dans lequel la protagoniste remplace son mari par un amant, est très appréciée à Milan et à Rome[62].

Il est vrai que la Duse qui ose créer le rôle de Julie, et garde par la suite une prédilection marquée pour les œuvres du philosophe, sait insuffler la vie à l'abbesse, en laquelle elle reconnaît vraisemblablement

58 *Id.*, « Appendice à *L'Abbesse de Jouarre* », *ibid.*, *op. cit.*, p. 683.

59 *Id.*, *Le Prêtre de Nemi*, O.C., t. III, *op. cit.*, p. 564, 606.

60 Fouquier, Henry, « La Crise », *Le Figaro*, Paris, a. XXXII, n° 299, 26-X-1886, p. 1 ; Renan, cependant, remercie l'auteur de cet article, dans une lettre où il précise ses sources et ses intentions, lettre du 26-X-1886, O.C., t. X, *op. cit.*, p. 950-951.

61 *Cf.* Gibus [Matilde Serao], « Api, mosconi e vespe », *Corriere di Roma*, Rome, a. II, n° 341, 9-XII-1886, p. 1, qui évoque le blanc choisi par la Duse ; sur les costumes de scène de l'actrice, *cf. infra*, n. 75. Au sujet des femmes très actives dans la culture italienne, *cf.* Faitrop-Porta, Anne-Christine, *La Letteratura francese nella stampa romana (1880-1900)*, Naples, Edizioni Scientifiche Italiane, 1992, p. 12-13, et *passim*.

62 *Cf. ead.*, « *Francillon* di Dumas fils in Italia », *Esperienze letterarie*, Rome, a. XIX, n° 3, 1994, p. 67-85 ; « Il Teatro di Henry Becque », *ibid.*, a. XV, n° 4, 1990, p. 27-49.

sa propre soif d'indépendance, et Renan dans ses lettres à Panzacchi et à l'actrice, en décembre 1886, et dans son « Appendice », loue ce « génie » qui seul a su donner à son œuvre la « vraie existence », puis dans des lettres postérieures aux représentations italiennes, fait dépendre le succès de la pièce uniquement d'une actrice qui soit « belle et d'un jeu puissant, » semblant ainsi réduire son drame au seul rôle de Julie[63]. Il est vrai que la Duse remporte un grand succès, comme l'atteste la presse. C'est un triomphe que cette première mondiale à Rome, fruit de la collaboration entre le philosophe, le traducteur et l'artiste. Le *Fanfulla della domenica*, important hebdomadaire culturel, claironne, le 21 novembre, que les critiques parisiens, pour la première fois, devront attendre des nouvelles d'un succès venu d'Italie, alors que c'est l'inverse qui, habituellement, se produit et il proclame, le 12 décembre : « [...] l'Italie a ainsi donné à sa sœur la France un exemple de tolérance dans le domaine du théâtre [...] », tandis que *L'Osservatore romano* y voit « une insulte au peuple de Rome » et un « crime envers la patrie[64] ».

C'est le public romain qui perçoit profondément la puissance et l'originalité du drame, comme l'atteste la presse. D'Annunzio dit le théâtre Valle vibrant d'une « immense » attente et énumère parmi les spectateurs, le romancier Verga, les lettrés présents à Rome et

63 E. Renan, lettres à E. Panzacchi et à E. Duse, décembre 1884 [1886], O.C., t. X, *op. cit.*, p. 928 ; à E. Panzacchi, 19-XII-1886, Bibliothèque de Genève, D.O., autog., 37/13, *op. cit.*, p. 1 non numérotée ; « Appendice », *op. cit.*, p. 681 ; lettres à Antoine et à M. Althaiga, [Paul Alhaiza], 1888, *cf. supra*, n. 13, 31. Sur la pièce au répertoire de la Duse, *cf.* Molinari, Cesare, *L'Attrice divina, Eleonora Duse*, Rome, Bulzoni, 1985, p. 131. Sur les œuvres de Renan figurant dans la bibliothèque de la Duse, *Averroès et l'averroïsme*, *Les Apôtres*, *Souvenirs d'enfance et de jeunesse*, *Études d'histoire religieuse* et *Nouvelles Études d'histoire religieuse*, dont elle écrit à sa fille « un art de la parole [...] comme poésie », *L'Avenir de la science*, qualifié dans une lettre à Boito de « joie de l'esprit », *cf.* Duse, E., Boito, A., *Lettere d'amore*, Milan, Il Saggiatore, 1979, p. 274, 677, 711, 795 ; Sica, Anna, « E. Duse tragica sapiente », *Voci e anime, corpi e scritture*, éd. Biggi, M. I., Puppa, P., Rome, Bulzoni, 2009, p. 399 ; *ead.*, Wilson, A., *The Murray Edwards Duse Collection*, Milan-Udine, Mimesis, 2012, p. 236, 260, 266, et *passim*. A. Sica, p. 399-403, considère que ces lectures de Renan aident la Duse à forger un modèle d'héroïne tragique et que l'actrice exprime en Julie l'idéal de la maternité.

64 « Il Nuovo Dramma di E. Renan », *Fanfulla della domenica*, Rome, a. VIII, n° 47, 21-XI-1886, p. 1 ; « Cose d'arte », *L'Osservatore romano*, Rome, a. XXVI, n° 281, 8-XII-1886, p. 3 ; n° 282, 10-XII-1886, p. 3.

les pensionnaires de l'Académie de France à la Villa Médicis, dont on peut supposer que Debussy fait partie, et le quotidien *Capitan Fracassa* offre cette vision évocatrice : « La salle du Valle était en elle-même un spectacle, comble et fourmillante d'un public passionné, intelligent, aussi subtil que les personnages évoluant sur la scène » et *L'Abbesse* recueille une « approbation extrêmement chaleureuse » au point qu'elle est « mieux comprise par le public que par la critique », comme le constate également Panzacchi[65]. De la représentation à Milan, en 1887, l'écrivain russe Amfiteatrov sort « bouleversé » et celles de Livourne, en 1888, et de Naples, en 1889, passionnent les auteurs de théâtre Sabatino Lopez, Roberto Bracco et Michele Uda[66].

Le public a du talent, sinon même du génie, et Renan, très reconnaissant du succès remporté, écrit à Panzacchi : « [...] un succès à Rome me paraît un rêve. [...] La sympathie de Rome renouvelée est la meilleure récompense de ma vie[67]. » Il est vrai que les Romains partagent l'attirance du philosophe pour le dialogue, puisqu'il n'est pas jusqu'aux statues qui n'échangent d'une venelle à l'autre, des questions

65 Il Duca Minimo, [G. D'Annunzio], « Si alza il sipario », *La Tribuna*, 9-XII-1886, art. cité, p. 1 ; « La Sala », *Capitan Fracassa*, Rome, a. VII, n° 337, 9-XII-1886, p. 3. Dans une lettre de Rome du 23-XII-1886, Debussy fait allusion au drame, ce « cabotinage », Debussy, Claude, *Lettres 1884-1918*, Paris, Hermann, 1980, p. 17. « *La Badessa di Jouarre* », *Fanfulla della domenica*, n° 50, 12-XII-1886, p. 1 ; *cf.* Panzacchi, Enrico, « Prefazione », *L'Abbadessa*, *op. cit.*, p. XXIV. Gabriele D'Annunzio, cependant, ironise, citant l'« enthousiasme sénile » de Renan et raillant le côté macabre de la pièce, ce qui ne l'empêche pas, plus tard, de qualifier de « divine » la prière sur l'Acropole, *cf.* Il Duca Minimo, « La Vita ovunque », *La Tribuna*, n° 338, 10-XII-1886, p. 2 ; *id.*, « Cronaca delle arti », *ibid.*, a. VI, n° 30, 31-I-1888, p. 2 ; D'Annunzio, Gabriele, « Nella vita e nell'arte », *ibid.*, a. XI, n° 171, 23-VI-1893, p. 1-2.

66 *Cf.* sur Amfiteatrov, Pagani, M. A., « La gloria russa », *E. Duse. Viaggio intorno al mondo*, éd. Biggi, M. I., Milan, Skira, 2010, p. 65 ; Lopez, G., « Sabatino Lopez », *Ariel*, Rome, Bulzoni, a. IV, n° 1-2, gen.-ag. 1989, p. 89 ; Baby, [Bracco, R.], « Teatri », *Corriere di Napoli*, Naples, a. XVIII, n° 20, 20-21-I-1889, p. 2, relève avec acuité que d'Arcy est plus amoureux de la grandeur de la moniale que de la femme ; sur cette représentation, *cf.* un avis plus critique, U. [Uda, Michele], « E. Renan », *Il Pungolo*, Naples, a. XXX, n° 20, 20-21-I-1889, p. 3, la date « 1898 », Uda, Michele, *Arte e artisti*, Naples, Pierro e Veraldi, 1900, p. 115, est erronée.

67 E. Renan, lettre à E. Panzacchi, datée par erreur de décembre 1884, [1886], O.C., t. X, *op. cit.*, p. 927.

et des réponses sur les événements, sur les papes et sur les cardinaux ou sur Bonaparte, propos satiriques qui tirent leur nom d'un torse acéphale, mais éloquent, les « pasquinades ». C'est en plus de deux mille deux cents sonnets dialogués en dialecte romain que Belli évoque, au XIXe siècle, l'épopée du petit peuple du Transtévère en une comédie humaine hilarante et dramatique, forme correspondant parfaitement aux vues de Renan qui imagine le monde tel « un dialogue éternel entre le Père et le Fils[68]. » Le 7 décembre 1886, le public est constitué de sophistes passionnés, dont chacun s'est forgé une idée du drame et entend « l'exposer et la discuter[69], » au point que la fin de chaque acte provoque une rumeur assourdissante. Du dialogue au drame et à la musique, l'évolution dont Renan caresse le rêve, se réalise grâce aux Italiens, créateurs de l'opéra, car la traduction dont l'élégance est de toutes les composantes de la représentation, auteur, texte, interprètes, décor, la seule à faire l'unanimité, est si « mélodieuse » qu'on la croirait « mise en musique » par Enrico Panzacchi, ce philosophe poète[70].

Si l'on perçoit dans *L'Abbesse* les échos de la Débâcle et de la Commune, Rome, capitale depuis 1870, ressent encore les effets du Risorgimento, unification réalisée contre l'étranger usurpateur, suivie cependant de luttes intestines entre les classes sociales et au sein même des familles. À Rome, dont les patriciens sont partagés entre « noirs » et « blancs » selon leur fidélité au Vatican ou leur ralliement à la monarchie piémontaise devenue nationale, la vie quotidienne tient à un perpétuel compromis. Or la disposition à la réconciliation est illustrée par une autre pièce française, *Le Pater* de Coppée, donnée également en première mondiale à Rome, en 1890, dans la traduction de l'auteur de théâtre Luigi Suner. La pièce, interdite en France, en 1889, a pour héroïne la sœur d'un prêtre fusillé par les Communards, qui consent à donner asile à un fugitif de la Commune et lui sauve la vie[71].

68 *Id.*, « Préface », *Drames philosophiques*, *op. cit.*, p. 374.

69 « La Sala », *Capitan Fracassa*, art. cité, 9-XII-1886, p. 3.

70 Scaramuccia, [Minervini, Gennaro], « Sul carro di Tespi », *ibid.*, n° 341, 13-XII-1886, p. 3.

71 *Cf.* Faitrop-Porta, Anne-Christine, « *Il Pater* di François Coppée », *Strenna dei Romanisti*, Rome, 1987, p. 195-210.

Outre la concorde, les Romains reconnaissent dans *L'Abbesse* leurs racines antiques et ils perçoivent l'aura mystique de l'héroïne qui inspire l'interprétation de l'actrice et que révèlent les critiques les plus pénétrants. La lettre adressée par Eleonora Duse à Renan, le 31 décembre 1886, trahit dans ses termes de « croyance », de « dévotion », de « foi » et de « vénération », ce souffle venu des profondeurs, et son bel oxymoron qualifiant l'abbesse de « sereine et tourmentée » évoque l'image d'une sibylle porteuse d'un message sacré[72]. Julie rappelle à deux reprises les sept ans de son expiation et elle se compare, ainsi que La Fresnais, aux « initiés antiques » assistant aux « visions terribles de certains mystères », comme si, au sortir de son abbaye, elle devait traverser un autre noviciat pour renaître, une nouvelle initiation pour revivre, et la Duse qui, selon Giuseppe Primoli, opère en scène une véritable transfiguration : « …soulevée de terre […] en extase, elle semblait vraiment s'envoler vers l'éternité », fait preuve dans cette transformation géniale d'une moniale fautive en une virginale assomption, de la « divination rare » que lui attribue Renan, de la « pénétration » admirée du romancier Palazzeschi, du « courage » que lui reconnaît Georg Brandes pour représenter un drame attaqué avec tant de virulence – et interdit par la censure ecclésiastique, en 1907 – alors qu'il est « si chaste », et elle mérite pleinement la qualité de « Pythie » que lui décerne pour ses interprétations Hofmannsthal[73]. Sœur du prêtre de Nemi, Julie l'est aussi de

72 E. Duse, lettre à Renan, Musée de la Vie romantique, CSR, ms. 38, 18. *Cf.* p. 92-94.

73 Renan, Ernest, *L'Abbesse*, *op. cit.*, p. 677-678, *id.*, lettre à E. Panzacchi, 19-XII-1886, Bibliothèque de Genève, D.O., autog., 37/13, *op. cit.*, p. 1 non numérotée ; G. Primoli, lettre du 10-XII-1886, Rome, Archivio Primoli, Fondazione Primoli, inv. 20091, 46-47 ; Matilde Serao, art. cité, décrit la Duse dans cette transfiguration, « *incorporea* » ; Brandes, Georg, *Store Personligheder*, København, Hage Clausens Forlag, 1930, p. 154, que soit remercié pour cette traduction Franco Perrelli ; Hofmannsthal, H. von, *L'Ignoto che appare. Scritti 1891-1914*, Milan, Adelphi, 1991, p. 60, 61. Plusieurs critiques soulignent le mysticisme de la Duse, lors des représentations à Rome et à Milan. Sur l'interdiction de *L'Abbesse* à Buenos Aires, *cf. supra*, n. 32. Sur le romancier Aldo Palazzeschi, figurant à Florence, en 1905, des répétitions du drame dont il donne une description très vivante, *cf.* Palazzeschi, A., *Il Piacere della memoria*, Milan, Mondadori, 1964, p. 278, 283, 290-291 ; Schino, M., *Il Teatro di E. Duse*, Rome, Bulzoni, 2008, p. 70, 87 ; Simoncini, F., *E. Duse capocomica*, Florence, Le Lettere,

la sibylle Carmenta convaincue par Antistius de son rôle sacré et de sa subordination à l'homme[74]. La représentation de *L'Abbesse* à Rome la rattache à ce drame précédent dont la fin annonce le fratricide de Romulus fondant l'*Urbs*, cette cité fangeuse qui doit sa survie et son empire à son constant pragmatisme. Leur adhésion à la nouvelle société et leur fidélité à la patrie permettent à la moniale, aux nobles, au jardinier et aux geôliers de traverser la tourmente, tout à la fois antiques, selon la tripartition séculaire, et modernes.

Le Janus aux deux visages est illustré par le sang du *Prêtre de Nemi* qu'il clôt et par l'amour de *L'Abbesse de Jouarre*, cependant l'un et l'autre sont présents dans les deux drames, indissociables. Il en est de même du dilemme entre le positivisme et l'idéalisme qui traverse le XIXe siècle et l'œuvre de Renan et dont, au tournant du siècle, il découvre la solution à Rome, au spectacle de l'antique élan religieux dont le peuple garantit la subsistance.

Drame de l'amour, incompris, raillé et banni des scènes en France, *L'Abbesse de Jouarre* tôt représentée en Italie, remporte de vifs succès. Accusée des critiques contemporains et postérieurs d'une carence cruciale de sens théâtral, elle inspire à Paris une suite, en Italie outre de courtes pièces, la scène finale d'un opéra et une nouvelle, et elle incite son auteur, son traducteur et son interprète à tenter d'originales solutions dramatiques. Dépassant son cadre révolutionnaire, elle assume une signification sociale profonde tendant à la conciliation, au lendemain des révolutions et des guerres et à la veille de « l'affaire », conflit majeur qui va scinder en deux la France. Elle campe des héros, mais aussi, à leurs côtés, d'humbles personnages qui livrent la même lutte.

2011, p. 62, 207-208, donne deux lettres de la Duse, de Florence, non datées, mais de 1905, au sujet de ces répétitions du drame, faisant allusion au chant *Ça ira* qui suit les indications de Lugné-Poe et à un exemplaire en français de la pièce, qui est probablement la « deuxième édition » figurant au Museo et Archivio Storico à Asolo, portant une date manuscrite « Bologna 1889 », une note, des signes de couleurs et la distribution des rôles, et pourrait avoir servi à Rome, en 1886. Pour les nombreuses répétitions du drame, à Buenos Aires, en 1907, *cf.* Noccioli, G., « Diario 1906-1907 », *supra*, n. 32, d'autant plus intéressantes que la Duse est connue pour répéter fort peu.

74 *Cf.* Renan, Ernest, *Le Prêtre de Nemi*, *op. cit.*, p. 560-566.

Son héroïne est l'image de tous les contrastes, abbesse et favorable aux Lumières, soumise à des vœux et exerçant tout pouvoir sur son abbaye, vertueuse et voluptueuse, condamnée graciée et suicidaire, défroquée et religieuse, patricienne et pauvre, veuve et fiancée. Hors de la cellule, couvent ou prison, c'est dans la nature qu'elle puise la réconciliation avec la société et l'union des contrastes dans le couple.

Conçue par un philosophe, traduite et adaptée par un poète, interprétée par une actrice inspirée, *L'Abbesse de Jouarre*, représentée à Rome devant des critiques éclairés et un public extrêmement averti, redécouvre dans la cité idéale de l'art, de l'amour et du sacré, les sources vitales. Création du « génie obscur » de son siècle, selon la pénétrante définition que donne Panzacchi de Renan, l'abbesse devenue Julie, en une prescience du théâtre pirandellien, se délivre de ses voiles endeuillés et du bandeau virginal qui lui a ôté la vraie vie et, revêtue du blanc choisi par son interprète au langage de sibylle et au don de divination, se fait vision rayonnante[75].

Anne-Christine FAITROP-PORTA

75 Panzacchi, Enrico, « E. Renan drammaturgo », art. cité, 1-I-1887, p. 22. Bertolone, Paola, *Sarò bella e vincente*, *op. cit.*, illustration 14, suppose qu'une photographie non datée de l'actrice vêtue d'un costume blanc, comme le mentionne Matilde Serao, *cf. supra*, n. 61, d'allure monacale, au col montant, un cordon à la taille, portant une coiffe – mais aussi des colliers de perles –, pourrait la représenter dans *L'Abbesse*. Rétat, Laudyce, *Religion et imagination religieuse dans l'œuvre de Renan*, *op. cit.*, p. 429, 448, 477, accorde une importance particulière à la robe blanche d'une jeune morte qui a fauté, dans l'écrit de jeunesse, *Patrice*, et souligne la signification pour Renan du noir et du blanc, « concentration du désir ». La Duse apporte un soin extrême à ses costumes de scène, *cf.* Ridenti, Luciano, *La Duse minore*, Rome, Casini, 1966, p. 162 ; Ferruggia, Gemma, *La Nostra Vera Duse*, Milan, Sonzogno, [1924], p. 54-55, ainsi revêt-elle cinq tenues différentes pour les cinq actes de *La Dame aux camélias*, « tous dans la gamme du blanc, neige, argent, ivoire, et de l'or, pour rappeler la marguerite ». Elle exige, *cf.* Davanzo Poli, Doretta, « Vestiti... », *Divina Eleonora*, éd. Bandini, F., Venise, Marsilio, 2001, p. 128, pour *Monna Vanna* de Mæterlinck, en 1904, un manteau « d'un bleu couleur du lac de Pallanza, à quatre heures de l'après-midi ».

BEATI QVI LVGENT
QVONIAM IPSI CONSOLABVNTVR

Ultimo giorno dell' anno
1886

Umilemente domando perdono se non ho risposto subito, alla cara e preziosa lettera che m'ebbi a Roma per mezzo di Panzacchi:

— Grazie - grazie - per me, piccola lavoratrice — e oso dirlo — forte e serena credente! — Credo nel bene — e nel bene che dona alla vita, l'ingegno —
È per questa forza che mi sono sentita tanto.. tanto! —

L'abbesse Le Jouanne, mi ha procurato la felicità d'una vostra parola - - - - grazie - grazie! Le parole buone, compensano ~~[illegible]~~ se la vita è triste! -

Io sono al lavoro - per - sempre - per sempre - - - - - e a voi - che mi insegnaste e mi faceste comprendere ciò che non appartiene più all'arte - - ma alla fede - . . . grazie! -

Le parole non ripercuotono quello che sento . . . -

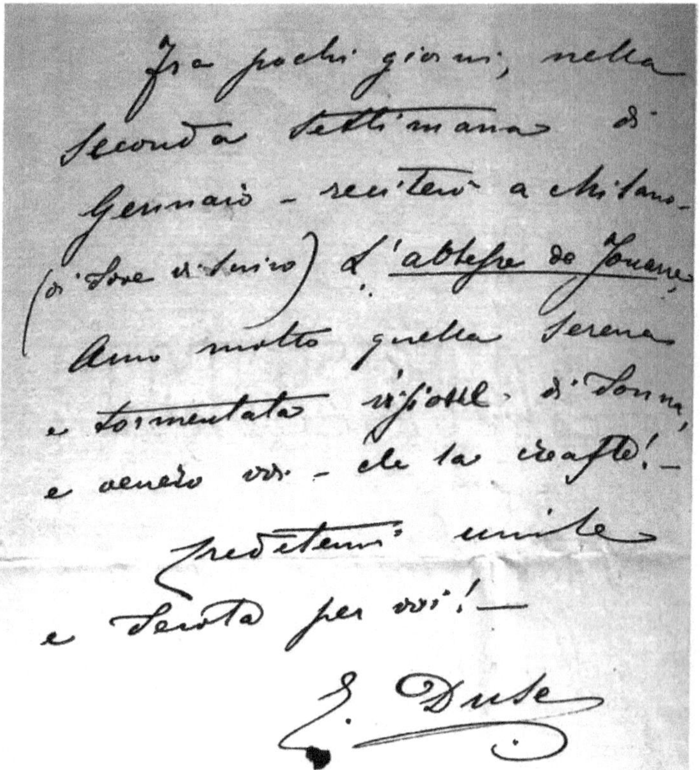

Fra pochi giorni, nella seconda settimana di Gennaio – reciterò a Milano – (di sera di teatro) L'abbesse de Jouarre.

Amo molto quella serena e tormentata risposte, di donna, e venero voi – che la creaste! –

Credetemi umile e devota per voi! –

E. Duse

Milano – Via San Giuseppe – N° 13.

FIG. 1 – Eleonora Duse, lettre à Ernest Renan, Musée de la Vie romantique, CSR, ms. 38, 18.

RENAN ENTRE GAUCHE ET DROITE

UN HÉRITAGE POLITIQUE DISPUTÉ

RENAN POLITIQUE

> [Renan] ne va pas d'une vérité précisée à une autre. Il tâte, il palpe. Il a des impressions, ce mot dit tout [...] Il n'y a guère d'idée qu'il n'ait caressée, ni de système où il ne soit entré, au moins en curieux [...].
> TAINE

Rappelons quelques dates marquantes de la biographie d'Ernest Renan, né à Tréguier le 27 février 1823, mort à Paris le 2 octobre 1892.

> La Révolution, écrit-il dans ses *Souvenirs*, pour ce nid de prêtres et de moines, fut en apparence un arrêt de mort. Le dernier évêque de Tréguier sortit un soir par une porte de derrière du bois qui avoisine l'évêché, et se réfugia en Angleterre[1]. Le Concordat supprima l'évêché. La ville décapitée n'eut pas même un sous-préfet ; on lui préféra Lannion et Guingamp, villes plus profanes et bourgeoises [...][2].

Après la chute de Louis-Philippe, dans l'enthousiasme de la Révolution, Renan écrit *L'Avenir de la science* (1848-1849) – l'ouvrage ne paraîtra qu'en 1890) –, où il rejette le principe théologique et conçoit l'idée d'une science positive de l'esprit humain, plus large que le positivisme d'Auguste Comte[3]. Le dévouement à une fin idéale

---

1 À Jersey.

2 Renan, Ernest, *Souvenirs d'enfance et de jeunesse*, Paris, Calmann Lévy, 1891 [1883], p. 6.

3 Pour les controverses sur les rapports de Renan avec les idées de Comte, voir Gaulmier, Jean, « "Tout est fécond, excepté le bon sens" Sur le positivisme de Renan », *Romantisme*,

constitue sa vie morale et « religieuse » au sens large du mot. Mais il ne se déprendra jamais de l'influence de l'atmosphère monastique de son enfance. Son âme demeurera foncièrement religieuse, alors que son esprit s'engagera dans d'autres voies. Penseur et érudit, il est inclassable par son souci de la nuance qui le conduit à fluctuer et à adopter tantôt un point de vue, tantôt le point de vue contraire[4].

En 1849, il est chargé d'une mission scientifique en Italie, où il passe huit mois. Il obtient deux ans plus tard une place à la Bibliothèque nationale et poursuit ses études de philologie et d'histoire religieuse.

En 1862, il est nommé au Collège de France. Coup d'éclat ! Son cours d'ouverture fait scandale ; il y présente Jésus comme un « homme incomparable », et non pas le fils de Dieu. Le clergé catholique réclame et obtient la suspension du cours puis la révocation. En 1863, il publie la *Vie de Jésus* (premier des six tomes de l'*Histoire des origines du christianisme*), que certains considèrent comme le livre le plus important du XIXe siècle et que d'autres ont vilipendé, faisant de Renan une sorte d'antéchrist. L'immense succès public qu'il remporte et la fureur de l'Église préludent aux affrontements politiques, aux violences verbales et physiques entre le parti de l'Ordre, lié à une Église encore toute-puissante, et les anticléricaux républicains : pamphlets, discours, libelles, etc.[5]

LA PENSÉE POLITIQUE DE RENAN AU FIL DU TEMPS

Né dans une ville religieuse marquée par la Révolution et les ravages du « bataillon d'Étampes », qui détruisit le tombeau de saint Yves, saint patron de la Bretagne, et laissa des traces politiques profondes

---

21-22, 1978, p. 7-20 et Petit, Annie, « Le prétendu positivisme d'Ernest Renan », *Revue d'Histoire des Sciences Humaines*, n° 8, 2003, p. 73-101.

4 Voir *infra*, note 28, à propos de Caliban.

5 Voir Rémond, René, *L'Anticléricalisme en France*, Paris, Fayard, 1999.

dans le Trégor, Renan a eu à l'égard de la Révolution des sentiments ambivalents. S'il déclare dans les *Souvenirs d'enfance et de jeunesse*, avoir pris de sa mère « un goût invincible de la Révolution[6] », on peut lire au contraire dans *La Réforme intellectuelle et morale* : « Le jour où la France coupa la tête à son roi, elle commit un suicide[7]. » Cette fracture entre l'avant et l'après 21 janvier 1793 doit-elle être considérée comme la conséquence logique de 1789 ou comme la rupture définitive avec ce qui aurait pu être considéré comme une tentative hardie et réussie de réformation politique ? Contrairement à Clemenceau, Renan considère que la Révolution n'est pas un bloc. Il écrit :

> Admirables assurément furent les débuts de la Révolution, et, si l'on s'était borné à convoquer les états généraux, à les régulariser, à les rendre annuels, on eût été parfaitement dans la vérité[8].

Voisin de Tocqueville, auteur de *L'Ancien Régime et la Révolution*, Renan estime que la Révolution a agi à la manière d'une « révolution religieuse » unique en son genre.

Renan dénonce la perversité du *Contrat social*, où Jean-Jacques Rousseau transfère la souveraineté aux mains du peuple, pour lui incapable de pouvoir l'exercer et d'en assurer les fondements : « erreur historique néfaste ». Initialement, c'est bien la notion de constitution écrite en laquelle le penseur discerne le mieux l'influence pernicieuse de Rousseau, le concepteur de cette forme politique qui l'emporta sous la Révolution lorsqu'on décida la rédaction d'une « constitution *a priori*[9] ».

> Au lieu de vieilles institutions qui n'avaient pas d'origine et semblaient le résultat nécessaire du balancement des choses, on eut des constitutions faites de main d'hommes, toutes fraîches, avec des ratures, dépouillées par là du vieux prestige[10].

---

6 Renan, Ernest, *Souvenirs d'enfance et de jeunesse*, *op. cit.*, p. 105.
7 Renan, Ernest, *La Réforme intellectuelle et morale*, Paris, Michel Lévy frères, 1871, p. 8.
8 *Ibid.*, p. 7.
9 *Ibid.*
10 Renan, Ernest, *L'Avenir de la science*, Paris, Calmann Lévy, 1900 [1890], p. 29.

Les révolutionnaires, adeptes d'un droit abstrait, entendaient créer un individu surgi *ex nihilo*, « régénérer l'humanité ». Renan dénonce ce travers sous l'expression curieuse d'« esprit romain ».

> [...] ce reproche [...] tombe sur l'école révolutionnaire proprement dite, qui se rattachait surtout à Rousseau, et qui a donné à la révolution française son caractère définitif, c'est-à-dire sa tendance vers l'organisation abstraite, sans tenir compte ni des droits antérieurs ni de la liberté[11].

Les excès de « l'esprit romain », les erreurs de la Révolution française, telles sont les causes historiques générales qui expliquent selon Renan notre impuissance politique, notre inexpérience de la liberté.

La Restauration constitue un retour aux principes de la monarchie tempérée qui s'était développée en France sous le règne des Valois et d'Henri IV. Libérale dans son principe, hostile à toute vaine gloire militaire, elle semble à Renan, plus que tout autre gouvernement, désignée pour fonder la monarchie constitutionnelle sur des bases inébranlables. L'échec de la Restauration tint à la faiblesse des rois, à l'insolence de la noblesse, à l'obstination aveugle de l'opposition. La noblesse préféra une servitude qui était la contrepartie de ses privilèges à des libertés qu'elle aurait partagées avec la nation[12].

---

11 Renan, Ernest, « Philosophie de l'histoire contemporaine », dans *Questions contemporaines*, Paris, Michel Lévy frères, 1868, p. 61-62, note 1. Dépouiller le vieil homme pour revêtir l'homme nouveau ne consiste pas à se perfectionner et à s'améliorer graduellement, pour l'individu comme pour le genre humain, mais à promouvoir les valeurs actives, collectives, capables d'être réalisées dans le temps, par une mise en œuvre et un esprit constructif, volontaire.

12 Renan ne fait pas peser sur la noblesse seule la responsabilité des fautes commises. L'opposition libérale a, selon lui, une responsabilité dans l'échec de la monarchie. En face d'une aristocratie dédaigneuse, « le vrai libéral s'inquiète assez peu [...] pourvu que cette aristocratie le laisse travailler sans obstacle à ce qu'il envisage comme son droit ». Au lieu de se servir des armes légales pour lutter contre le retour de l'Ancien Régime, les libéraux du temps de la Restauration conclurent « des alliances fâcheuses avec les partisans des régimes déchus » et cherchèrent par des conspirations à renverser l'ordre établi. Renan voue à l'exécration Béranger, qui « [...] créa une très perfide combinaison, où l'esprit bourgeois, le matérialisme grossier, le goût du despotisme, pourvu qu'il se colore d'apparences nationales, se donnaient la main » (« Philosophie de l'histoire contemporaine », dans *Questions contemporaines*, *op. cit.*, p. 24).

Renan n'apprécie guère les Journées de 1830, tout comme Gobineau, avec lequel il échangera plusieurs lettres. À l'unisson de Chateaubriand, il y voit une étape vers des révolutions à venir. On ne sort jamais impunément de la légalité. Certes, Charles X avait préludé à l'arbitraire avec les Ordonnances, mais le roi avait payé sa faute en abdiquant. Après

> [...] la claire désignation d'un successeur contre lequel il n'existait aucun motif avoué de répulsion, la continuation du divorce avec la branche aînée était-elle légitime et opportune[13] ?

Renan ne le pense pas. Il fallait accepter le duc de Bordeaux, mineur, et organiser sa régence.

Renan insiste ainsi sur l'intérêt qu'aurait présenté une longue régence pour acclimater la France à la monarchie constitutionnelle.

Renan se montre plus favorable à la Révolution de 1848 parce qu'elle détruisit la monarchie méprisée de Juillet. Fut-elle légitime ? Renan n'est pas de ceux qui absolvent ou exaltent les insurrections populaires pour ne réserver leur sévérité qu'aux coups d'État des princes. Tout attentat à la légalité lui est pareillement odieux.

Le bienfait que Renan reconnaît au XIXe siècle – non sans contradiction –, c'est la philosophie du progrès.

> Car la vraie religion n'est que la splendeur de la culture intellectuelle [...] Le XVIIIe siècle demeure ici notre éternel modèle, le XVIIIe siècle qui a changé le monde et inspiré d'énergiques convictions, sans se faire secte ou religion, en restant bien purement science et philosophie[14].

Toutefois, ce genre d'affirmation apparaît bien isolé dans l'œuvre renanienne et correspond à cette « fougue » de 1848 – qui est le mot utilisé par lui. Cette fièvre est comme une sorte d'îlot au milieu d'une récusation générale, qui trouvera évidemment son acmé avec *La Réforme intellectuelle et morale* (1871).

---

13 *Ibid.*, p. 33.

14 Renan, Ernest, *L'Avenir de la science*, *op. cit.*, p. 105-106.

Dans la *Revue des Deux Mondes* du 1er mai 1864[15], Renan aborde la question des universités en France, dont le mauvais système l'inquiète car, écrit-il en 1868, « ce qui a vaincu à Sadowa[16], c'est Luther, c'est Kant, c'est Fichte, c'est Hegel ». Or selon Renan, l'enseignement supérieur en France est déplorablement organisé, car il dépend étroitement de l'État et, par conséquent, souffre du manque d'un bien indispensable, la liberté, cette liberté qui fait la valeur des universités allemandes. En France, les cours universitaires sont des prouesses oratoires devant un public qui écoute sans participer réellement à une recherche ; la France est « *une nation de parleurs* » comme l'a décrite Mme de Staël, où les parleurs cherchent à briller. Les professeurs s'efforcent de rassembler le plus vaste auditoire comme si leur charge était

> "d'amuser un public aimable", sans se préoccuper de faire avancer la science pure. Celle-ci ne se trouve pas dans les Facultés, mais seulement dans le vénérable Collège de France[17].

Renan admet l'élection, bien qu'elle soit pour lui un mode de sélection médiocre qui pousse au charlatanisme politique :

> L'homme le plus médiocre est supérieur à la résultante collective qui sort de trente-six millions d'individus, comptant chacun pour une unité[18].

Il estime qu'il n'y a pas de démocratie sans élection, mais que, cependant, la légitimité politique se fonde sur l'idée de consentement et non pas de soumission. Il en tire la conséquence que la plénitude de la démocratie n'est atteinte que par un équilibre conciliant aspiration des citoyens, sagesse des élus et existence d'une aristocratie de savants, rejoignant ainsi l'idée comtienne d'un « pouvoir spirituel ».

---

15 « L'instruction supérieure en France », article repris dans *Questions contemporaines*, *op. cit.*, p. 69-115.

16 Victoire célèbre remportée par les Prussiens sur l'armée autrichienne, le 3 juillet 1866.

17 Cité par Jean Gaulmier, « Renan et Mme de Staël », *Études renaniennes*, n° 89, 3e trimestre 1992, p. 10.

18 Renan, Ernest, *La Réforme intellectuelle et morale*, *op. cit.*, p. 49.

En 1869, dans un article de la *Revue des Deux Mondes* consacré à la monarchie constitutionnelle en France, il commente ainsi les réformes :

> Le souverain investi par plébiscite de la plénitude des droits populaires peut-il être parlementaire ? Le plébiscite n'est-il pas la négation de la monarchie constitutionnelle ? Un tel gouvernement est-il jamais sorti d'un coup d'état ? peut-il exister avec le suffrage universel[19] ?

En juillet 1870, au moment de la déclaration de la guerre, Renan est absent de France : il accompagne son ami le prince Napoléon pour une exploration scientifique dans les mers du Nord – à Paris, le bruit court que le prince et l'écrivain ont été capturés par les Prussiens dans les premiers jours de la guerre ! Renan revient rapidement à Paris et y restera pendant le siège ; il fait ses premiers cours au Collège de France sous les bombardements prussiens ; pendant la Commune, il s'efforce de mettre à l'abri diverses archives et ne quittera la capitale qu'au moment de la « semaine sanglante ».

Nous connaissons les réactions de Renan pendant la guerre par sa correspondance avec Marcellin Berthelot et les articles qu'il publia dans la *Revue des Deux Mondes* et dans le *Journal des Débats*. Dès le début des hostilités, Renan adopte une position pacifiste qui a pu choquer : il considère la guerre comme une folie et ne croit pas la France, « démocratisée » à l'extrême, capable de la mener à bien. Le 18 août 1870, quelques jours avant Sedan, il écrit au savant allemand Strauss une lettre publiée dans la *Gazette d'Augsbourg*, où il cherche avec l'adversaire un terrain d'entente. Il consent à reconnaître des torts à son pays dans la genèse du conflit et souhaite une cessation rapide des hostilités[20]. Après

19 Renan, Ernest, « La monarchie constitutionnelle en France », *Revue des Deux Mondes*, t. 84, livraison du 1er novembre 1869, p. 90. Le respect dû au souverain, ajoute Renan, lui interdit d'examiner ces questions. La réponse est sanctionnée un an plus tard, non pas seulement par la défaite, mais par la disparition d'un régime sans défenseur, qui fait réapparaître comme hier les républicains à l'Hôtel de Ville et les deux familles monarchiques dans le pays, Bourbons et Orléans.

20 Dans une deuxième lettre ouverte publiée le 15 septembre 1871, Renan protestera contre l'utilisation abusive de sa première lettre faite par Strauss, à un moment où,

s'être adressé aux Allemands par le truchement d'un confrère, Renan va s'adresser à ses compatriotes dans un long article de la *Revue des Deux Mondes* (15 septembre 1870), où il explique la Prusse aux Français et l'histoire de la constitution de l'unité allemande, qu'il a saluée comme un progrès historique.

Pour Renan, la chute du Second Empire est imputable à la Révolution. Celle-ci vaut ce que vaut la méthode abstraite au nom de laquelle elle fut accomplie ; elle croit fonder la liberté, elle la ruine en faisant table rase de toutes les institutions du passé, en brisant tous les organismes partiels qu'enveloppait l'unité de la nation : universités, ordres religieux, corporations, provinces, villes libres. Elle n'a laissé debout « qu'un géant, l'État, et des milliers de nains[21] ».

Il en va de même de l'Église. La Révolution, estime Renan, résout le problème religieux comme le problème politique[22]. Le Concordat répond au Code civil ; il témoigne de la même indifférence pour les choses d'ordre spirituel, du même souci du bon ordre administratif, de la paix sociale. Son remède à tout est le sacrifice de la liberté ; de l'Église à l'État, il ne connaît d'autre rapport que le budget et les règlements de police. Les conséquences de la Révolution sont faciles à prévoir : en face de l'État, elle ne laisse que l'individu chétif et désarmé.

Renan préfère, pour garantir la paix, fondée sur la cohésion sociale, le respect des hiérarchies intellectuelles. Il n'hésite pas à écrire :

> Nous voulons être libres de penser, et de fait on a pensé plus librement et plus hardiment il y a un demi-siècle à la cour de Weimar, sous un gouvernement absolu, qu'on ne le fait dans notre pays, après tant de combats livrés pour la liberté. Goethe, l'ami d'un grand-duc, aurait pu se voir en France poursuivi devant les tribunaux. Occupons-nous donc un peu plus de penser, et un peu moins d'avoir le droit d'exprimer notre pensée. L'homme qui a raison est toujours assez libre. […] Les novateurs

enfermé dans Paris assiégé, il ne pouvait pas lui répondre (*La Réforme intellectuelle et morale*, *op. cit.*, p. 187-209).

21 Renan, Ernest, *Questions contemporaines*, *op. cit.*, préface, p. III.

22 Voir Renan, Ernest, « L'avenir religieux des sociétés modernes », dans *Questions contemporaines*, *op. cit.*, p. 380.

> à qui l'avenir a donné raison ont pu être persécutés ; mais la persécution n'a pas retardé d'une année peut-être le triomphe de leurs idées, et leur a plus servi que n'eût fait un avènement immédiat[23].

Maurras, dans *L'Ordre et le désordre, les idées positives et la Révolution*, cite le témoignage tiré des *Souvenirs d'enfance et de jeunesse* (1884) où Renan évoque « [...] ces rares adeptes de l'Église jacobine » qu'il avait encore pu connaître, et qui, d'avoir vécu la plus grande et terrible époque, étaient dans l'« impuissance [de] parler d'autre chose », de « désormais rentrer dans la vie ». Renan ajoute :

> Ils restèrent sous le coup d'une idée fixe, mornes, frappés de stupéfaction [...]. C'étaient des croyants absolus ; le monde, qui n'était plus à leur diapason, leur semblait vide et enfantin. Demeurés seuls debout comme les restes d'un monde de géants, chargés de la haine du genre humain, ils n'avaient plus de commerce possible avec les vivants[24].

En 1831, Chateaubriand se déclarait « républicain par nature, monarchiste par raison, et bourboniste par honneur[25] ». Parallèlement, Renan est monarchiste par goût de l'ordre, républicain par résignation, et traditionaliste en historien. Partiellement revendiqué par Maurras et célébré par le radical Émile Combes – qui viendra à Tréguier inaugurer sa statue, entouré des « bleus de Bretagne » –, voué aux gémonies par Veuillot et méprisé par les Goncourt, qui lui reprochent son éducation à la prêtrise qui a laissé une empreinte indélébile, Renan serait-il insaisissable ?

---

23 Renan, Ernest, « Réflexions sur l'état des esprits (1849) », *Questions contemporaines*, *op. cit.*, p. 304.

24 Renan, Ernest, *Souvenirs d'enfance et de jeunesse*, *op. cit.*, p. 111-112.

25 Chateaubriand, *De la nouvelle proposition relative au bannissement de Charles X et de sa famille*, dans *Grands écrits politiques*, éd. Jean-Paul Clément, Paris, Imprimerie nationale, 1993, t. II, p. 620.

LE PEUPLE OU L'ÉPUISEMENT DU POLITIQUE

Pour Renan, la Déclaration des Droits de l'Homme est fondée sur l'égalité ; les révolutionnaires nièrent la nature au profit de la Raison. Une philosophie du bonheur – et par extension du bien – ne peut être qu'une entrave au progrès. Dans les *Dialogues philosophiques*, à la fin de sa vie, Renan écrit :

> Le grand agent de la marche du monde, c'est la douleur, l'être mécontent, l'être qui veut se développer et n'est pas à l'aise pour se développer. Le bien-être n'engendre que l'inertie ; la gêne est le principe du mouvement. [...] Ce qu'on peut dire d'un type animal, on doit le dire d'une nation, d'une religion, de tout grand fait vivant ; on doit le dire aussi de l'humanité et de l'univers tout entier[26].

L'Avenir de la science recelait déjà une conception aristocratique de la société. Dans le troisième des *Dialogues philosophiques*, écrit au lendemain de l'écrasement de la Commune, Renan a cet aphorisme péremptoire : « [...] le grand œuvre s'accomplira par la science, non par la démocratie. » À l'intention de ceux qui ne l'auraient pas compris, ce message est ensuite précisé, dans des termes qu'atténue seulement leur mise au conditionnel :

> [...] l'être en possession de la science mettrait une terreur illimitée au service de la vérité. Les terreurs, du reste, deviendraient bientôt inutiles. L'humanité inférieure [...] serait bientôt matée par l'évidence, et l'idée même de la révolte disparaîtrait[27].

Avec Michelet, Renan a partagé une commune image du peuple, vu à la fois comme animal, comme enfant et comme sauvage. L'idée du peuple coïncide avec celle d'une « humanité inférieure », et reste

26 Renan, Ernest, *Dialogues et fragments philosophiques*, Paris, Calmann Lévy, 1876, p. 23-24.

27 *Ibid.*, p. 103 et 112.

associée à la hantise de superstitions primitives, propres à une espèce mal dégrossie, mais aussi à une nostalgie de la spontanéité. Le peuple, c'est « le cochon qui grogne », comme dans la première version de *La Tentation de Saint-Antoine*, dont Flaubert avait pu lui donner une lecture privée ; là il s'agit de Caliban[28], auquel il s'est consacré à la fin de sa vie, au moment où se mettaient péniblement en place les institutions de la IIIe République.

INTERPRÉTATION DE LA DÉFAITE DE 1870

De *La Crise allemande de la pensée française*, Claude Digeon[29] remarque qu'il n'y a pas de meilleur témoin que Renan, qui publie en février 1871 son petit livre : *La Réforme intellectuelle et morale*. Renan connaît l'Allemagne et il l'a admirée plus que n'importe quel autre Français de sa génération : il a vu dans les universités allemandes, comme tant de savants du XIXe siècle, le modèle à imiter, c'est-à-dire l'esprit scientifique, et particulièrement la recherche historique moderne.

La guerre lancée inconsidérément par l'Empire lui a paru une aberration, renaissance anachronique, presque absurde, de la tentation militaire dans un pays engourdi dans la prospérité démocratique. Renan interprète à sa manière les rapides transformations intervenues dans la société française sous l'Empire. La France y a perdu ce qu'elle avait d'esprit germanique et militaire pour s'apparenter de plus en

28 *Caliban*, drame philosophique (1878). Empruntant à *La Tempête* de Shakespeare et à ses deux principaux personnages, Renan a eu l'idée d'incarner en eux les deux forces qui sont en lutte dans la société moderne : Prospero, duc de Milan, symbolisant l'aristocratie, et Caliban, être mal peigné, à peine dégrossi, véritable brute, l'élément démocratique. Dans une suite de scènes épisodiques, on voit le doux et bon Prospero ruiné, abattu par Caliban, bientôt contraint de lui céder la place ; et ce détrônement marque le début de la déchéance de l'humanité.

29 Digeon, Claude, *La Crise allemande de la pensée française. 1870-1914*, Paris, PUF, 1992.

plus à la mentalité calculatrice et utilitaire des Anglo-Saxons : une deuxième Amérique, mais privée de tout ce qui fait des États-Unis un cas exceptionnel, soit « une Amérique de second ordre, mesquine, médiocre, peut-être plus semblable au Mexique ou à l'Amérique du Sud qu'aux États-Unis[30] ».

Or c'est cette démocratie obsédée par le progrès des richesses que l'Empereur a jetée contre une Allemagne restée forte de ses traditions aristocratiques et militaires : erreur capitale de jugement, aussitôt sanctionnée par la défaite.

Critique de l'esprit de lucre et de paresse civique, inséparable du pacifisme démocratique, Renan incrimine le suffrage universel, l'idée que le consentement de tous conditionne la légitimité du pouvoir : à l'automatisation sociale qu'il produit, il oppose l'image d'une « royauté historique », dépositaire des droits et des prérogatives de la Nation. C'est la partie de sa démonstration qui emprunte à l'Allemand Friedrich-Carl de Savigny[31].

Mais quelle royauté, quelle dynastie ? Renan sait bien que la plus ancienne, celle qui est « historique » justement, est devenue « impossible » (c'est le mot qu'il emploie), et que l'autre, la branche des Orléans, disparue sans combattre en février 1848, n'a pas « de droits royaux bien stricts ». Il ajourne la question du régime pour dessiner seulement les réformes les plus nécessaires à la renaissance de la Nation. La fin de son essai est peut-être le plus intéressant pour l'historien de l'opinion, car elle permet de saisir un esprit du temps, à mi-chemin du libéralisme et du conservatisme.

Il accepte comme inévitable la société moderne, mais il retrouve, comme les libéraux français, le problème du bon usage de la démocratie ; et comme tous les hommes d'après 1870, il pense la Nation en termes différents, à la fois de la tradition révolutionnaire

30 Renan, Ernest, *La Réforme intellectuelle et morale*, *op. cit.*, p. 29.

31 « M. de Savigny a montré qu'une société a besoin d'un gouvernement venant du dehors, d'au-delà, d'avant elle, que le pouvoir social n'émane pas tout entier de la société, qu'il y a un droit philosophique et historique (divin, si l'on veut) qui s'impose à la nation », *ibid.*, p. 74-75.

et de la tradition aristocratique. S'il considère le suffrage universel comme inévitable, il prône comme Taine l'idée d'un vote à deux degrés, de façon à former un tissu de petites aristocraties locales ; et la nécessité d'une Chambre haute, avec quelques dizaines de sièges héréditaires à l'anglaise mais composée pour l'essentiel de membres nommés à vie, recrutés dans tous les corps et dans tous les secteurs de l'activité nationale, conservatrice des droits et des libertés. Libéral, Renan plaide aussi pour la décentralisation administrative, qui est à l'époque sur toutes les lèvres, des Communards aux Légitimistes, et pour la séparation de l'Église et de l'État.

Mais l'essentiel de la renaissance nationale tient à ses yeux dans la réforme universitaire, véritable clef de voûte de l'avenir. Car la défaite de la France en face de l'Allemagne est avant tout une défaite intellectuelle due à la supériorité de l'école allemande, sérieuse, ouverte, scientifique, sur l'école française, trop occupée à former des rhéteurs et des hommes d'esprit. Filiation protestante contre héritage catholique : Renan retravaille, dans un esprit positiviste, un thème cher aux républicains modérés influencés par le positivisme, tout comme Jules Ferry. À la décadence de la Nation, il oppose comme remède l'éducation, et aux incertitudes de l'histoire, la souveraineté de la science.

Il y a, au fond de son programme de redressement national par la formation rationnelle des élites, quelque chose qui n'est pas sans rapport avec l'idée d'un civisme républicain, éclairé dès l'école primaire par la science. L'avenir allait montrer que Renan n'était pas irréconciliable avec la République.

Les savants prennent pour lui la place qu'occupait jadis la religion[32] – ainsi qu'il l'annonce dans *L'Avenir de la science* (1890). En

32 Il écrit en 1849 : « La science, l'art, la philosophie n'ont de valeur qu'en tant qu'elles sont choses religieuses, c'est-à-dire en tant qu'elles fournissent à l'homme le pain spirituel, que les religions lui fournissaient autrefois et qu'elles ne peuvent plus lui donner » (« Réflexions sur l'état des esprits », dans *Questions contemporaines*, *op. cit.*, p. 313-314).

1849, conscient que la religion de l'humanité doit se substituer à la religion proprement dite, il n'hésitait pas à écrire :

> Prenons encore pour exemple les trois premiers siècles de l'ère chrétienne. Où se passaient alors les grandes choses ? où se fondait l'avenir ? quels étaient les noms désignés au respect des générations futures ? Était-ce Tibère et Séjan, était-ce Galba, Othon, Vitellius, qui occupaient vraiment le centre de l'humanité, comme on le croyait sans doute de leur temps ? Le centre du monde, c'était le coin de terre le plus méprisé de l'Orient. Les grands hommes marqués pour l'apothéose étaient des croyants enthousiastes fort étrangers aux secrets de la grande politique. Cinq siècles plus tard, on ne nommera entre les hommes illustres de ce siècle que Pierre, Paul, Jean, Matthieu, pauvres gens qui, assurément, faisaient peu figure[33].

C'est donc à la pensée que revient une position prééminente, aux hommes de science, au sens large du terme, dans lequel Renan s'inclut, que revient la prééminence.

Pour Renan, un pays qui est incapable de garder ses richesses les armes à la main n'est plus digne de les posséder. Mais comment la France aurait-elle pu, secouée par ses révolutions dynastiques, faire un effort militaire suffisant pour rester forte ? « La démocratie est le plus fort dissolvant de l'organisation militaire[34] », écrit-il. En somme, tous nos maux viennent de la démocratie qui signifie matérialisme, médiocrité et faiblesse. La France s'est laissée abâtardir. En face d'elle, la Prusse cultivait une mystique de la force ; elle apprenait à ses fils à pratiquer les vertus de discipline et d'honneur. De notre déchéance, Renan attribue une part de responsabilité à la femme :

> Les femmes, écrit-il dans une note, comptent en France pour une part énorme du mouvement social et politique ; en Prusse, elles comptent pour infiniment moins[35].

Il faut donc corriger « le goût de la démocratie superficielle[36] ».

---

33 *Ibid.*, p. 325.

34 Renan, Ernest, *La Réforme intellectuelle et morale*, *op. cit.*, p. 54.

35 *Ibid.*, p. 53.

36 *Ibid.*, p. 64.

ÉVOLUTION DE RENAN VERS LA RÉPUBLIQUE : UN RÉPUBLICANISME CONSERVATEUR

On pourrait en arriver, sans forcer le trait, à rapprocher dans cette « illusion germanique » Renan et Nietzsche. Pour Nietzsche, l'importance d'un progrès se mesure à l'importance de ce qu'on lui sacrifie. Un bonheur ordinaire et médiocre qui serait assuré au plus grand nombre possible de créatures misérables que nous appelons de nos jours des hommes, ne serait pas un véritable progrès pour lui. Mais pour lui comme pour Renan, l'éducation d'une espèce d'hommes supérieurs, plus forte que celle qui nous entoure, serait un grand et véritable progrès, même si elle ne pouvait être obtenue qu'en sacrifiant des masses d'hommes tels que nous les connaissons. Les fantasmes exprimés par Nietzsche avec le plus grand sérieux à propos d'un futur qui verrait l'éducation du surhomme et sa prise du pouvoir sur la terre ont une telle ressemblance avec les rêves esquissés par Renan – quand il évoque, à demi sérieux, à demi sceptique, dans le troisième de ses *Dialogues philosophiques*, le nouvel Asgaard, véritable usine à fabriquer des champions –, que l'on ne peut guère douter d'une influence. Sauf que Renan écrit sous forme de dialogues, de sorte que le pour et le contre sont exprimés. Tandis que chez Nietzsche, un simple rêve s'est cristallisé en conviction dogmatique.

Alors comment Renan s'est-il rallié à la République ? Comment les républicains ont-ils fait de Renan un pilier fondateur, tout comme Victor Hugo ?

Renan s'est rallié à la République comme nombre de « positivistes », aux côtés de Littré, dont le petit « Livre vert » fut la bible des fondateurs de la IIIe République (Gambetta, Ferry…). Contrairement à Comte, qui ne parlait que du « parlage », n'avait que mépris pour celui des parlementaires et souhaitait une véritable dictature de la science – le « pouvoir spirituel » se substituant au pouvoir politique –, Renan tente de lier les deux termes, république et rationalisme, en s'écartant par pragmatisme de l'idéologie comtienne, dans un souci presque « burkien » : le temps montre que la république est le seul régime susceptible de durer.

Ce n'est pas avec enthousiasme que Renan s'y rallie, mais il estime que l'on peut être partisan de l'ordre, conservateur et partisan de la République. En 1869, dans son article de la *Revue des Deux Mondes*, Renan constatait déjà tristement :

> La France voit grandir chaque jour dans son sein une masse populaire dénuée d'idéal religieux, et repoussant tout principe social supérieur à la volonté des individus. L'autre masse, non encore pénétrée de cette idée égoïste, est chaque jour diminuée par l'instruction primaire et par l'usage du suffrage universel [...][37].

La France, pour lui, est par nature, en tant que corps national, une « monarchie ». C'est le roi qui l'a faite, comme un paysan fait son domaine, en acquérant lopin sur lopin avec ses économies de travailleur. Toutes les parties qui la composent sont autant de parties de l'œuvre royale. La France tenait par l'action du roi, qui survit au roi. Mais combien de temps lui survivra-t-elle, et quelle est la mesure des épreuves auxquelles l'unité forgée par le roi pourra résister sans le roi ? Est-ce que l'engendré ne s'expose pas à la mort en se séparant de l'organe générateur sans lequel il ne serait point ?

La *Réforme* aurait pu être signée par un Royer-Collard, un Guizot, un Rémusat. Pierre Rosanvallon écrit :

> Tout en adhérant à l'idéal libéral-conservateur, avec sa dimension aristocratique et capacitaire, Renan en a modifié la tonalité en le dissociant de sa valence *sociologique* (l'affirmation du rôle central des classes moyennes) à laquelle les doctrinaires l'avaient associé. Sa vision élitiste s'est du même coup directement donnée comme culte de la science et de l'intelligence, dans une relative indétermination de classe. La discussion aristocratique est chez lui englobée dans une problématique du progrès et a ainsi perdu ce qu'elle pouvait avoir de plus scandaleux dans l'expression doctrinaire originelle. Renan a aussi réinscrit cette visée dans le cadre d'une morale

37 Renan, Ernest, « La monarchie constitutionnelle en France », art. cité, p. 95.

> laïque et scientiste, à un moment où les pôles d'affrontement intellectuel dans la société se restructuraient, l'opposition catholiques/républicains se superposant parfois jusqu'à les effacer aux antagonismes antérieurs. [...] Pour dire les choses encore autrement, la démocratie n'était acceptable pour lui que si elle était une puissance de légitimation et non un régime ou une forme de gouvernement. Renan et la première génération des pères fondateurs ont ainsi partagé, ce qui est important, une même vision pragmatique et désabusée de l'action politique. Tout autre a été le rapport à Renan de la deuxième génération des pères fondateurs[38].

Renan parle aussi en tant qu'homme de science, portant au plus haut l'élitisme du savoir. Au fond, Renan demeure orléaniste, mais il est aussi celui qui a proposé une nouvelle définition de la nation. Dans sa conférence en Sorbonne *Qu'est-ce qu'une nation ?* (1882), il répond ainsi à cette question :

> Une nation est une âme, un principe spirituel. Deux choses qui, à vrai dire, n'en font qu'une, constituent cette âme, ce principe spirituel. L'une est dans le passé, l'autre dans le présent. L'une est la possession en commun d'un riche legs de souvenirs ; l'autre est le consentement actuel, le désir de vivre ensemble, la volonté de continuer à faire valoir l'héritage qu'on a reçu indivis. L'homme, Messieurs, ne s'improvise pas. La nation, comme l'individu, est l'aboutissant d'un long passé d'efforts, de sacrifices et de dévouements. Le culte des ancêtres est de tous le plus légitime ; les ancêtres nous ont faits ce que nous sommes. Un passé héroïque, des grands hommes, de la gloire (j'entends de la véritable), voilà le capital social sur lequel on assied une idée nationale. Avoir des gloires communes dans le passé, une volonté commune dans le présent ; avoir fait de grandes choses ensemble, vouloir en faire encore, voilà les conditions essentielles pour être un peuple[39].

Ce que regrette Renan fait l'optimisme de Gambetta. Le leader républicain aime cette France nouvelle qu'il sent émerger des progrès de la richesse sociale et des Lumières. De la France petite-bourgeoise

---

38 Rosanvallon, Pierre, « Renan père fondateur de la République ? », *La Lettre du Collège de France*, n° 35, décembre 2013.

39 Renan, Ernest, « Qu'est-ce qu'une Nation ? », dans *Œuvres complètes*, Paris, Calmann Lévy, t. I, 1947, p. 8.

et rurale qu'il pressent, mêlant les intérêts et les talents, le commerce, l'artisanat, la propriété rurale et les professions libérales, il veut faire l'assise de la République ; un pays laborieux et fier, adossé à 1789, comme à l'origine de son indépendance mais dont 1789 n'est que le point de départ.

CONCLUSION

La clé de l'adoption par les républicains réside dans notre histoire, qui pour Renan consiste dans la lutte de l'esprit gallo-romain contre l'esprit germanique, les Gaulois ayant en horreur la souveraineté divisée qui constituait la féodalité et voulant sans cesse revenir à l'administration égalitaire de l'Empire romain. Renan écrit :

> La Révolution française et ce qui a suivi sont le dernier acte de la lutte de l'esprit gaulois et de l'esprit germanique, se terminant par la victoire définitive du premier[40].

Ce que Renan appelle de ses vœux, c'est que l'élite nécessaire dans une société puisse aussi évoluer : à la féodalité doit succéder une élite puissante, le règne des savants.

Les républicains ont oublié le Renan réactionnaire de 1869-1870 – d'autant que Renan condamnait l'aristocratie oisive –, ils ont oublié le bonapartiste rallié du bout des lèvres, dans une opposition qui ne l'empêchait pas d'avoir vogué sur les flots avec le prince Napoléon ; ils n'ont pas oublié son germanisme appliqué à l'Université, mais c'est la science, c'est la raison, c'est tout cela qui les conduit vers Renan[41].

---

40 Renan, Ernest, *Essais de morale et de critique*, Paris, Michel Lévy frères, 1859, p. 43.

41 De telles idées planaient quelque peu au-dessus des faits entre 1860 et 1892, année de la mort de Renan. Mais elles indiquaient la voie d'une République aristocratique, où à l'hérédité qui fondait la légitimité de l'Ancien Régime, était substituée la toute-puissance du savoir. Renan, prophète de la mort du politique, écrivait en

Celui-ci rejoint Gambetta, qui dans ses grands discours appelait de ses vœux l'avènement d'une « république athénienne » –

> [...] ce noble peuple d'Athènes, où tous sentaient et vivaient de la vie de la nation, [...] ce peuple qui applaudissait les pièces de Sophocle et critiquait Isocrate [...], écrit Renan[42].

Alors pourquoi Renan fut-il été adopté par les républicains et porté sur le piédestal des pères de la République ? Tout d'abord parce que la France de la IIIe République avait besoin de fondateurs : Victor Hugo, à qui on fait des obsèques qu'aucun roi n'aurait pu imaginer ; Renan, en autorité scientifique incontestable, professeur au Collège de France, membre de l'Académie. Par son vœu de réformer l'Université, Renan est l'incarnation même de la science et de la Raison pure. Sa célèbre *Prière sur l'Acropole* est un hymne à la Raison. Par ailleurs, il a rejeté l'Église, en contradiction avec sa volonté de créer des contre-pouvoirs face au radicalisme centralisateur des républicains.

Ces facteurs justifient que Renan devînt l'homme de la IIIe République, et qu'en 1903 le « petit père Combes » vînt provoquer à Tréguier, pour inaugurer la statue de Renan, un affrontement violent entre les « bleus » et les « blancs ».

Pendant ses dernières années, persuadé toujours que, d'une manière ou d'une autre, à travers des foules d'erreurs et d'échecs, l'idéal se réaliserait dans le monde et que la vérité finirait par l'emporter ; convaincu d'autre part du caractère complexe et relatif de toute vérité

1849 : « J'imagine [...] que ceux qui nous rendront la grande originalité seront non pas des politiques, mais des penseurs. Ils grandiront en dehors du monde officiel, ne songeant même pas à lui faire opposition, le laissant mourir dans son cercle épuisé. » Pour appuyer cette opinion, Renan citait Montaigne : « Aucuns voyants la place du gouvernement politique saisie par des hommes incapables, s'en sont reculés. Et celuy qui demanda à Cratès jusques à quand il faudroit philosopher, en receut cette réponse : "Jusques à tant que ce ne soient plus des asniers qui conduisent nos armées." (Montaigne, *Essais*, liv. I, c. 24.) » (Renan, Ernest, « Réflexions sur l'état des esprits », dans *Questions contemporaines*, *op. cit.*, p. 324.)

42 *Ibid.*, p. 319.

morale, sociale, religieuse, il était devenu d'une sérénité ironique et bienveillante : ironique pour tout dogmatisme étroit et intolérant ; bienveillante pour tout effort vers le vrai, le bien, ou simplement vers le bonheur. Ni les souffrances de la maladie, ni l'approche de la mort ne trompèrent cette sérénité.

Jean-Paul Clément

BIBLIOGRAPHIE

CHATEAUBRIAND, François René de, *De la nouvelle proposition relative au bannissement de Charles X et de sa famille*, dans *Grands écrits politiques*, éd. Jean-Paul Clément, Paris, Imprimerie nationale, 1993, t. II.

DIGEON, Claude, *La Crise allemande de la pensée française. 1870-1914*, Paris, PUF, 1992.

GAULMIER, Jean, « "Tout est fécond, excepté le bon sens" Sur le positivisme de Renan », *Romantisme*, 21-22, 1978, p. 7-20.

GAULMIER, Jean, « Renan et Mme de Staël », *Études renaniennes*, n° 89, 3e trimestre 1992, p. 3-11.

PETIT, Annie, « Le prétendu positivisme d'Ernest Renan », *Revue d'Histoire des Sciences Humaines*, n° 8, 2003, p. 73-101.

RÉMOND, René, *L'Anticléricalisme en France*, Paris, Fayard, 1999.

RENAN, Ernest, *Souvenirs d'enfance et de jeunesse*, Paris, Calmann Lévy, 1891 [1re éd. 1883].

RENAN, Ernest, *La Réforme intellectuelle et morale*, Paris, Michel Lévy frères, 1871.

RENAN, Ernest, *L'Avenir de la science. Pensées de 1848*, Paris, Calmann Lévy, 1900 [1re éd. 1890].

RENAN, Ernest, « La monarchie constitutionnelle en France », *Revue des Deux Mondes*, t. 84, livraison du 1er novembre 1869, p. 71-104.

RENAN, Ernest, « L'avenir religieux des sociétés modernes », *Questions contemporaines*, Paris, Michel Lévy frères, 1868.

RENAN, Ernest, « L'instruction supérieure en France », *Questions contemporaines*, Paris, Michel Lévy frères, 1868.

RENAN, Ernest, « Philosophie de l'histoire contemporaine », *Questions contemporaines*, Paris, Michel Lévy frères, 1868.

RENAN, Ernest, « Réflexions sur l'état des esprits (1849) », *Questions contemporaines*, Paris, Michel Lévy frères, 1868.

RENAN, Ernest, *Dialogues et fragments philosophiques*, Paris, Calmann Lévy, 1876.

RENAN, Ernest, *Caliban, suite de « la Tempête »*, *Œuvres complètes*, édition Henriette Psichari, Paris, Calmann Lévy, 1947-1961, t. III.

RENAN, Ernest, « Qu'est-ce qu'une Nation ? », *Œuvres complètes*, édition Henriette Psichari, Paris, Calmann Lévy, 1947-1961, t. I.

RENAN, Ernest, *Essais de morale et de critique*, Paris, Michel Lévy frères, 1859.

ROSANVALLON, Pierre, « Renan père fondateur de la République ? », *La Lettre du Collège de France*, n° 35, décembre 2013.

TROIS MÉMOIRES D'ERNEST RENAN (1892-1914)

Dès la mort de Renan, commença la construction de la mémoire de Renan dans les divers milieux qui l'avaient encensé ou au contraire violemment rejeté. Ces diverses mémoires s'exprimèrent par l'intermédiaire de la presse, mais aussi de l'onomastique urbaine, de la statuaire publique ou encore de la vie associative.

LA MÉMOIRE RÉPUBLICAINE

Les relations que Renan avait entretenues avec le Second Empire, son opinion sur la République, la démocratie et le suffrage universel, telle qu'elle est exprimée dans *La Réforme intellectuelle et morale* (1871), n'étaient pas de nature à le faire adouber par les républicains. Mais, dans un contexte de plus en plus laïque et anticlérical, il trouva tout naturellement sa place dans la troisième République

Nous voudrions ici présenter un point très particulier, la qualité de « dieu de la République » attribuée à Renan par Léon Daudet dans son *Stupide* XIXe *siècle.* Après avoir dévidé un chapelet de gracieusetés anti-renaniennes – le scepticisme de Renan est « à l'usage des nains » ; sa pensée est « celle des Danaïdes qui fuit à mesure qu'elle se remplit » ; Renan fut « un gobeur éperdu de tout ce qui se présente sous le signe du rationnel » et ne comprit pas que « le terre à terre n'est pas une garantie » ; son ironie ressemble à « des finesses et de la calligraphie » qu'un éléphant ferait avec sa trompe ; « Renan, croyant indéfini, apparaît comme crédule dans la sphère fluide où baigne son incroyance »)[1] –, Léon Daudet affirme que « de 1875 à 1905 environ, Renan a été dieu…, mais parfaitement le dieu de la troisième République. Je l'ai vu adorer et encenser. J'ai vu se prosterner ses lévites[2] ». Que Léon Daudet ait assisté à des scènes de flatterie, voire de flagornerie, cela est fort possible et même probable. Mais faut-il, pour autant, comme l'ont fait plusieurs auteurs retenir cette étiquette de « dieu de la troisième République », évidemment conçue pour prouver la stupidité de la troisième République ? Antoine Compagnon reprend cette dénomination, en souligne la « malveillance », mais n'en conteste pas la pertinence et explique que Renan « a pris rang de dieu de la République » pour avoir été, dès 1848, « le prophète de la séparation ».

Mais Renan fut-il vraiment le Dieu, ou ne serait-ce qu'un Dieu, de la Troisième République ? Des éléments précis se rattachant aux funérailles, à la statuaire publique et à l'onomastique urbaine amènent à relativiser fortement cette image.

LES FUNÉRAILLES

Indépendamment du projet de panthéonisation différé puis avorté, les obsèques de Renan, célébrées le 9 octobre 1892, aux frais de l'État, furent ainsi très loin d'égaler le faste des funérailles de Victor Hugo (1er juin 1885). Une cérémonie d'hommage se déroula dans la grande cour d'honneur du Collège de France, en présence d'une petite dizaine de ministres, de représentants du corps diplomatique, des présidents du Sénat et de la Chambre, de députés et de sénateurs, du chancelier de la Légion d'honneur, des professeurs du Collège de France, des membres des plus hautes institutions de l'État, des délégués de l'Association générale des étudiants, des délégations de

1 Daudet, Léon, *Le stupide XIXe siècle. Exposé des insanités meurtrières qui se sont abattues sur la France depuis 130 ans. 1789-1919*, Paris, Nouvelle Librairie nationale, p. 96-98.

2 *Ibid.*, p. 99.

la presse, etc. Cinq discours furent prononcés par Léon Bourgeois, Gaston Boissier, Alexandre Bertrand, Gaston Paris et Charles Barbier de Meynard. Le cortège fut accompagné par deux bataillons de ligne, un escadron de dragons, deux sections d'artillerie et des gardes républicains (une compagnie à pied et quarante cavaliers)[3]. D'après *Le Rappel*, les funérailles de Renan ne mobilisèrent pas les foules, comme cela avait été le cas pour Victor Hugo :

> sur tout le parcours [...], écrit l'organe d'Auguste Vacquerie, comme aux abords du Collège de France, les curieux étaient partout en nombre limité[4].

Le traitement des funérailles de Renan n'occupa dans plusieurs titres de la presse républicaine, par exemple *La Petite République française* ou *La Lanterne*, qu'une place somme toute assez discrète[5]. Dans *La Dépêche*, Louis-Xavier de Ricard se montra sévère pour Renan, pour lui, personnification du « dilettantisme moral » – lequel « conviendra de moins en moins à la période d'action dans laquelle nous entrons décidément » – et pour le renanisme, défini comme un état d'âme caractérisant des « nihilistes délicats, religieusement épris de l'inanité de tout », comme « un hamac métaphysique » où se réfugiaient beaucoup de désœuvrés et d'indolents. Il est vrai que *Le Siècle* et surtout *L'Intransigeant* se distinguèrent au contraire par le nombre et l'ampleur de leurs louanges ; *L'Intransigeant* offrit d'ailleurs une couronne mortuaire qui fut particulièrement remarquée. Cet organe signale cependant que la foule fut compacte jusqu'à Saint-Germain-des-Prés, soit sur une faible distance depuis le Collège de France, mais qu'au-delà les rangs se clairsemèrent et que devant le Palais-Bourbon il y avait « peu de monde ». Un élément de comparaison intéressant est offert par les funérailles de Pasteur célébrées trois ans après celles de Renan, le

---

3 Voir *Le Livre d'Or de Renan*, Paris, A. Joanin et Cie, 1903, p. 188 ss.

4 *Le Rappel*, 9 octobre 1892.

5 Voir les numéros des 7 octobre (environ un quart de colonne en p. 1 et 2), 8 octobre (moins d'une colonne en p. 2) et 9 octobre (environ trois colonnes, p. 1 et 2 ; les discours de Léon Bourgeois, Gaston Boissier et de Charles Barbier de Meynard sont intégralement reproduits).

6 octobre 1895, pour lesquelles furent déployés un bataillon (et non une compagnie) de la garde républicaine à pied, la 2e division d'infanterie, la garde républicaine à cheval, une brigade de gardiens de la paix, soit 2 200 hommes au total ; en outre les honneurs furent rendus à Pasteur par plusieurs bataillons de fantassins et de chasseurs, des brigades de cavaliers et des batteries d'artilleurs. L'émotion publique soulevée par la mort du savant fut immense ; d'après *Le Rappel* du 7 octobre, « tout le long du cortège qui s'étendait sur plusieurs kilomètres, l'affluence était énorme. Partout, les fenêtres étaient garnies de curieux ; à tous les carrefours, des voitures et des tréteaux portaient des groupes compacts de spectateurs », tandis que régnait un grand silence seulement troublé ici ou là par la chanson d'un camelot :

> Pasteur n'est plus ; ce dompteur de la rage
> S'en va, dompté par la mort à son tour.
> Mais dans nos cœurs, son immortelle image
> Sera toujours, sera toujours.

Dès les premiers jours d'octobre 1895, *Le Rappel* avait annoncé à diverses reprises qu'il souhaitait que « le buste de l'un des bienfaiteurs de l'humanité pût se trouver entre les mains de tous » et qu'il avait « traité avec une maison pour un grand nombre de ces bustes » exécutés en bronze pouvant « facilement prendre place sur une cheminée, sur une table de travail, etc. » Il n'y avait rien eu de tel pour Renan dans l'organe de Vacquerie.

LE MONUMENT DE TRÉGUIER

Le monument de Tréguier représentant Renan accompagné d'Athéna, œuvre de Jean Boucher, a suscité de nombreux travaux, notamment à propos des contestations qu'il engendra dès sa conception, et des troubles qui accompagnèrent son inauguration le 13 septembre 1903[6]. Là encore, des comparaisons poussent à relativiser ce qui se

6 Lalouette, Jacqueline, *Un peuple de statues. La célébration sculptée des grands hommes (France. 1801-2018)*, Paris, Mare et Martin 2018, p. 435.

rapporte à cette effigie. Tout d'abord, Renan ne reçut que ce seul hommage en place publique, dans sa ville natale, onze ans après sa mort. Certes, il ne figure pas au dernier ou à l'avant-dernier rang des « grands hommes » statufiés – rassemblant ceux qui n'eurent droit qu'à une stèle ou un simple buste –, car l'œuvre de Jean Boucher, qui associe Pallas Athéna et Renan, est imposante ; mais il est loin des premiers rangs où figurent les grands hommes statufiés en maints lieux. Mort dans la nuit du 31 décembre 1882 au 1er janvier 1883, Gambetta, lui, fut statufié à onze reprises ; deux monuments suivirent de très près la date de sa mort : celui de Cahors, la ville natale, fut inauguré en 1884 et celui de Paris en 1888 ; huit autres monuments furent érigés avant 1914. Quant à Victor Hugo, il est honoré par douze monuments en place publique ; cinq furent inaugurés entre 1901 et 1909, dont trois en 1902, l'année du centenaire de la naissance du poète national. Renan eut droit à moins de monuments que Jules Ferry ou que Paul Bert et se situe au même niveau qu'Edgar Quinet, statufié uniquement à Bourg-en-Bresse, huit ans après sa mort, et que bien d'autres « grands hommes ».

Vives, les contestations engendrées par le monument Renan, qui n'empêchèrent pas le projet d'aboutir dans des délais raisonnables, ne furent pas exceptionnelles. La statue de Diderot érigée à Langres en 1884 suscita une forte hostilité chez les catholiques[7]. À Pamiers, en 1897, le projet de consacrer un monument à Pierre Bayle, finalement inauguré en 1905, agita aussi fortement le conseil municipal[8]. L'inauguration du monument Renan fut particulièrement agitée, il est vrai. Mais on peut rappeler qu'à Dijon, en 1900, la statue de Garibaldi fut couverte d'excréments la veille de son inauguration[9] ou encore se reporter en 1928, à Pons, pour l'inauguration du monument à Émile Combes fixée, intentionnellement ou non, au dimanche de la fête du Christ-Roi, ce qui suscita l'indignation de l'évêque de La Rochelle. Au jour dit, les esprits étaient échauffés et un important service d'ordre fut mis sur

7 *Ibid.*, p. 202.
8 *Ibid.*, p. 202-203.
9 *Ibid.*, p. 435.

pied ; la situation s'avéra finalement plus grave qu'à Tréguier en 1903, puisqu'un camelot du roi de 27 ans y laissa la vie[10].

L'ONOMASTIQUE URBAINE

L'onomastique constitue un bon indicateur pour mesurer la célébrité d'une personnalité. Dans sa thèse, Maurice Gasnier signale qu'une rue de Saint-Brieuc prit le nom de Renan dès 1891, donc du vivant de l'intéressé, ce qui entraîna une protestation de l'évêque du diocèse, Mgr Pierre-Marie Fallières, et, par réaction, les félicitations de la presse républicaine[11]. Puis, le 12 février 1898, le conseil municipal de Tréguier décida d'attribuer le nom de Renan à une rue, mais il avait été devancé, souligne Maurice Gasnier, par Paris et Issy-les-Moulineaux. En effet, cette commune de la banlieue parisienne honora Renan quatre ans avant sa ville natale. En 1894, son conseil municipal décida d'attribuer un nom à cinq rues nouvellement créées et de changer le nom de vingt-trois rues et places. Toutes les nouvelles appellations se rapportèrent aux Lumières, à La Révolution et à la République ; la rue Ernest Renan se substitua ainsi à la Grande-Rue[12]. À Dijon, le 24 juin 1904, un conseiller municipal déposa une proposition visant à transformer les dénominations de rues, de places et d'écoles, car expliqua-t-il, « la laïcité prenant heureusement un développement inconnu jusqu'ici [...], il est du devoir de ceux qui luttent aujourd'hui pour l'affranchissement total de l'humanité, de ne pas oublier leurs frères aînés morts pour la liberté[13] » ; en septembre, en dépit de l'hostilité de plusieurs conseillers, qui n'étaient d'ailleurs pas tous des cléricaux[14], la place Notre-Dame prit le nom d'Ernest Renan.

10 *Ibid.*, p. 436.

11 Gasnier, Maurice, *La destinée posthume de Renan de 1892 à 1923. Essai sur une réception idéologique*, thèse pour le doctorat d'État présentée à l'Université de Bretagne occidentale, Brest, 1988, p. 34.

12 Délibération du 21 avril 1894. Document communiqué par madame Christine Helary-Olivier, maire-adjointe déléguée aux Archives et à la recherche documentaire.

13 *Bulletin municipal officiel de la ville de Dijon*, 1904, p. 379.

14 *Ibid.*, p. 655-661. Cette place conserva ce nom Ernest Renan sous Vichy, alors que de nombreux noms de républicains disparurent alors, mais elle le perdit en 1952, sous

Quelle est l'importance du nom de Renan dans l'onomastique nationale ? Tout en se référant à la présentation de Renan par Léon Daudet, Mona Ozouf mentionne les rues, les places et les collèges portant le nom de Renan, la formulation « tant de rues » soulignant l'importance de Renan dans l'onomastique urbaine[15]. Or, d'après le service officiel de l'Adresse, 308 rues portent actuellement le nom de Renan, qui se situe ainsi sensiblement au même niveau que Condorcet (339 noms), mais très loin derrière Gambetta (1 472 noms), Jean Jaurès (2 354) ou Victor Hugo (2 549). Le nom de Renan ne brille pas vraiment au firmament des patronymes républicains.

RENAN DANS LA LIBRE PENSÉE ET LA FRANC-MAÇONNERIE

LA LIBRE PENSÉE

Renan est généralement présenté comme un « libre penseur » ; le *Grand dictionnaire universel du XIXe siècle* le présente commun un libre penseur n'ayant « rendu que de très médiocres services à la libre pensée[16] ». Mais il faut distinguer la libre pensée purement

---

le majorat du chanoine Kir, date à laquelle disparurent aussi les noms de Blanqui, Quinet, du chevalier de la Barre. Pour cette opération, le chanoine Kir attendit la mort de l'ancien maire de 1904, Henri Barabant, socialiste, libre penseur ; en conflit lors de la séparation, les deux hommes s'étaient réconciliés sous l'Occupation. Ce retour à la dénomination primitive amena des protestations et des débats ; l'un des conseillers soutenant l'initiative du chanoine fit remarquer aux protestataires qu'il comprenait pourquoi ils défendaient la mémoire de Blanqui et de Quinet, mais il cita plusieurs passages de *La Réforme intellectuelle et morale de la France* avant de conclure qu'on ne pouvait pas affirmer que Renan « était un républicain », *Ibid.*, 1952, p. 41-50.

15 Ozouf, Mona, « Renan revisité », *Commentaire*, n° 134, été 2011, p. 318.

16 *Grand dictionnaire universel du XIXe siècle*, tome XIII (2), p. 942. L'article est assez sévère pour Renan, dont la philosophie est qualifiée de « nuageuse et flottante » (p. 941) et dont « l'égoïsme artistique » est blâmé (p. 942). Deux autres notices, beaucoup

intellectuelle de la Libre Pensée organisée en sociétés. Or, il n'existe, à notre connaissance, aucune trace de l'appartenance de Renan à un tel organisme, ni en 1848, ni sous le Second Empire – durant lequel, réduite à de maigres effectifs, la Libre Pensée ne rassembla guère que des militants blanquistes et seulement dans les années 1860 – ni sous la troisième République ; rien ne le désigne comme membre, ni même comme simple sympathisant, de l'une des sociétés fondées sous la Seconde République ou durant la Troisième qui, de la fin des années 1870 aux années 1890 vit se succéder la Société pour la propagation de la foi civile, la Ligue anticléricale, l'Union démocratique de propagande anti-cléricale, la Ligue pour la Séparation de l'Église et de l'État, la Fédération française de la Libre Pensée, dont le *Bulletin mensuel* ne signala pas la mort de Renan. Pour le *GDU*, Renan appartenait très certainement aux libres penseurs de la première catégorie. D'ailleurs, en 1923, année du centenaire de la naissance de Renan, un libre penseur du nom de Raoul Vimard écrivit :

> [...] nous ne réclamons pas Renan comme un des nôtres : c'était un esprit trop libre et trop abondant pour s'enfermer dans un système.... Nous aurions mauvaise grâce à tirer Renan trop violemment à nous. Il ne faut pas s'efforcer de réduire le génie à notre mesure[17].

plus courtes et surtout plus neutres, figurent dans le premier supplément du *GDU*, tome XVI, p. 1178 et dans le deuxième supplément, tome XVII (3), p. 1772.

17 Vimard, Raoul, « Renan », *La Libre Pensée française. Bulletin officiel de l'Union fédérative de la Libre Pensée de France et des Colonies*, avril 1923, p. 2. Le texte continue ainsi : « Certes Renan a pensé sur bien des sujets ce qu'aujourd'hui nous ne pensons plus. Certes le point de vue d'où il a cherché à voir et à comprendre a été dépassé. Nous avons continué l'ascension ; nous arrivons à voir plus loin, avec plus de netteté. Mais nous n'en devons pas moins un gré infini à celui qui, plus que tout autre peut-être, nous a conduits, jusqu'à la première étape de la montée vers la lumière. Oui, Renan est resté un breton mystique ; oui, Renan est resté un philosophe spiritualiste [...] Il n'importe : Renan a revendiqué toute sa vie, contre tous, malgré tous, sans souci des conséquences, le droit de penser librement, le droit de chercher la vérité et de la dire, quelle qu'elle soit, telle du moins qu'elle lui apparaisse. [...] Renan a du moins l'un des premiers fait descendre la figure de Jésus du ciel sur la terre : il a osé faire de Jésus un homme. [...] Rendons-lui hommage au contraire au nom de tous ceux à qui il a ouvert les yeux et ouvert la voie. Rendons-lui hommage pour ceux, à qui s'il n'a pas révélé toute la vérité il a du moins enseigné la manière et la passion de la

L'affirmation récente du président d'une Fédération départementale de la Libre Pensée, selon laquelle « la Libre-Pensée s'honore d'avoir compté dans ses rangs Ernest Renan[18] », traduit soit la confusion entre les deux modes d'existence de la Libre Pensée, soit la volonté de rendre plus prestigieuse l'histoire de la Libre Pensée organisée en lui annexant un grand nom de la pensée française. Il n'est toutefois pas interdit de se demander si Renan aurait accompagné Marcelin Berthelot à la tête de l'Association nationale des libres penseurs de France [ANLPF], fondée en 1902, s'il avait vécu jusqu'à cette date.

Peut-on considérer Renan comme un libre penseur proche des libres penseurs organisés, mais non inscrit ? Oui, si l'on se réfère à ce qu'il a écrit sur la séparation en 1848 et 1863, à son programme électoral de 1869, à ses propos sur les jésuites, la hiérarchie catholique et le pape et à sa réduction du personnage de Jésus à sa nature purement humaine, et encore ce dernier point est-il problématique car de nombreux libres penseurs considéraient et considèrent encore que Jésus n'a pas existé. En revanche, la réponse doit être négative si l'on considère que Renan n'a jamais attaqué les prêtres dans le domaine des mœurs et qu'il a même pris leur défense à ce sujet ; qu'il parla toujours de Dieu, de la religion et de la Bible avec respect, enfin que l'athéisme lui était odieux.

Un quart de siècle après la publication du tome XIII du *GDU*, au temps de l'affaire Dreyfus, de la lutte anticongréganiste et de la Séparation, l'image de Renan s'imposa dans le milieu libre penseur. Le 13 septembre 1903, l'ANLPF fut représentée à l'inauguration de la statue de Tréguier par Marcelin Berthelot, Anatole France, Victor Charbonnel, prêtre « défroqué », secrétaire de l'Association ; *L'Action quotidienne, anticléricale, républicaine, socialiste* publia un long compte rendu de la cérémonie. À la même époque, parut un *Almanach de*

chercher. Rendons-lui hommage des coups qu'il a portés au monument des erreurs séculaires. Rendons-lui hommage enfin d'avoir aimé la science, d'avoir souffert pour la vérité, d'avoir très pieusement servi la beauté de la pensée et la beauté de la langue. »

18 Valéro, Bernard, « La Libre Pensée n'en sera pas ! », *La Nouvelle République des Pyrénées*, 10 décembre 2009. Jaurès est de même souvent annexé par la Libre Pensée, à laquelle il n'a jamais appartenu.

la Libre Pensée, dans lequel le nom de Renan figure à la date du 27 février, jour anniversaire de sa naissance[19]. L'année suivante, peu après le Congrès universel de la Libre Pensée réuni à Rome au mois de septembre, des libres penseurs mazamétains fondèrent une société qu'ils appelèrent « Groupe Ernest Renan[20] ».

LA FRANC-MAÇONNERIE

Renan n'avait pas une haute opinion de la franc-maçonnerie, qu'il mentionne à deux reprises dans *Marc-Aurèle*, à propos des initiations des cultes à mystères, plus spécifiquement du mithriacisme qu'il compare à « la franc-maçonnerie de nos jours [qui], bien que tout à fait creuse, sert d'aliment à beaucoup d'âmes[21] ». Cela n'empêcha pas le Conseil de l'Ordre du Grand Orient de se faire représenter « aux obsèques civiles du regretté Ernest Renan et d'offrir une couronne avec cette inscription "Le Grand Orient de France à Ernest Renan"[22] ». Le 26 octobre, alors que l'on croyait encore que Renan, Quinet et Michelet seraient panthéonisés sous peu, le Bureau du Conseil de l'Ordre invita tous les ateliers de la région parisienne à déléguer cinq membres pour cette manifestation et à « adresser leurs métaux au trésorier du Grand Orient » s'ils souhaitaient participer à la couronne du Grand Orient qui resterait au Panthéon[23]. En 1903, le Grand Orient organisa une souscription pour le monument de Tréguier et recueillit 1000 francs qui furent remis au trésorier du Comité du monument[24].

---

19 *Almanach de la Libre Pensée publié par l'Association nationale des libres penseurs de France*, Paris, 1903.

20 Faury, Jean, « Le Tarn et la loi de séparation », n° 175-176, *Cahiers Jaurès*, janvier-juin 1905, p. 41.

21 Renan, Ernest, *Marc-Aurèle et la fin du monde antique*, Paris, Calmann Lévy, 1882, p. 580. Renan semble ne considérer ici que la fonction ésotérique de la franc-maçonnerie et ignorer sa fonction idéologique et politique.

22 *Bulletin du Grand Orient de France*, octobre-novembre 1892, « Travaux du Conseil de l'Ordre », séance du 4 octobre 1892, p. 591.

23 *Ibid.*, partie officielle, circulaires du G O D F, circulaire du 26 octobre 1892, p. 583-584.

24 *Compte rendu des travaux du Grand Orient de France, du 1er juillet au 30 septembre 1903*, Paris, Secrétariat général du Grand Orient de France, 1903, travaux du Conseil de l'Ordre, Conseil du 6 juillet, p. 8.

Comme le mentionne Maurice Gasnier, une loge Ernest Renan fut fondée à Tréguier, en 1904[25] ; en 1905, elle fusionna avec la loge Science et Conscience de Saint-Brieuc, qui devint la Loge Science et Conscience et Ernest Renan. Quelques années plus tard, une loge Ernest Renan fut à son tour créée à Paris. En décembre 1910, 21 maçons demandèrent la délivrance d'une constitution symbolique pour la loge provisoire fondée à l'Orient de Paris sous le titre distinctif de Ernest Renan. Le dossier étant régulier, les métaux ayant été versés, la délivrance fut accordée[26]. Circulaire, le tampon de la loge contient, sur le pourtour supérieur, l'inscription A N E S L A D G O D F et sur le pourtour inférieur, L Ernest Renan. À l'intérieur, sur plusieurs branches de feuilles d'acacia, se détache un triangle portant sur ses trois côtés les inscriptions « Bien penser » (à gauche), « Bien faire » (à droite) ; « nº 20518-An 5910 » (en bas). Au centre du triangle, une étoile à cinq branches porte la lettre G[27]. Aucun document du dossier de la Loge n'explique pourquoi les frères fondateurs de cette nouvelle loge choisirent le nom de Renan. La composition de cette loge est un fidèle reflet de ce que représentait sociologiquement la majorité des maçons : on y trouve des négociants, des industriels, un représentant, un médecin, un pharmacien. Le seul frère qui se démarquait était son premier secrétaire, Camille de Morlhon (1859-1962), qui joua un rôle important dans le cinéma français entre 1908 et 1930[28].

25 Gasnier, Maurice, *La destinée posthume de Renan de 1892 à 1923…*, *op. cit.*, p. 73.

26 *Compte rendu des travaux du Grand Orient de France, Suprême Conseil pour la France et les possessions françaises*, Paris, Secrétariat général du Grand Orient de France, 1910, p. 57.

27 Dans l'entre-deux-guerres, la Loge édita une médaille triangulaire. Sur l'avers, se détache le visage de Renan, légèrement de trois quarts, au-dessous duquel figurent un crucifix, à gauche, les tables de la loi, à droite ; sur la base, le prénom et le patronyme de l'intéressé encadrent le Parthénon ; au-dessus d'Ernest est gravé le nom de Jésus et au-dessus de Renan, celui d'Israël ; enfin, en bas, à droite, se lit la signature du médailliste, M. Rondest. Au revers, l'intérieur du triangle est occupé par un niveau, un compas et une truelle entremêlés et l'inscription Loge Ernest Renan ; sur la base sont inscrites les dates 1910-1930., https://www.marc-labouret.fr/les-metaux-et-la-memoire/pieces-inedites.html (consulté le 07/09/2021).

28 Dossier de la loge Ernest Renan, archives du Grand Orient de France.

LA MÉMOIRE CATHOLIQUE

RENAN ET LA DESTRUCTION DES DOGMES

S'étant attaqué « aux fondements mêmes de tout l'édifice catholique[29] », considéré comme l'un des grands démolisseurs du christianisme, Renan ne peut que pâtir d'une mémoire très noire dans les milieux catholiques. En effet, Renan ayant fait de Jésus un homme et seulement un homme, le dogme trinitaire et l'économie de la Rédemption s'effondrent ; de même, s'efface le mystère de l'Incarnation et avec lui le dogme de l'Immaculée Conception – sur lequel se greffe la dévotion mariale si importante au XIXe siècle – proclamé par la bulle *Ineffabilis Deus* le 8 décembre 1864. Avec son récit sur la Cène, c'est encore un autre dogme fondamental que Renan détruit, celui de la transsubstantiation. Dans le chapitres XVIII de la *Vie de Jésus*, intitulé « Institutions de Jésus », on relève ces lignes :

> [...] La participation au même pain était considérée comme une sorte de communion, de lien réciproque. Jésus usait à cet égard de termes extrêmement énergiques, qui plus tard furent pris avec une littéralité effrénée. [...] Voulant rendre cette pensée que le croyant vit de lui, que tout entier (corps, sang et âme), lui, Jésus, est la vie du vrai fidèle, il disait à ses disciples : "Je suis votre nourriture", phrase qui, tournée en style figuré, devenait : "ma chair est votre pain, mon sang est votre breuvage". Puis les habitudes de langage de Jésus, toujours fortement substantielles, l'emportaient plus loin encore. À table, montrant l'aliment, il disait : "me voici" ; tenant le pain : "ceci est mon corps" ; tenant le vin : "ceci est mon sang" ; toutes manières de parler qui étaient l'équivalent de : "je suis votre nourriture"[30].

Dans le chapitre XXVI, intitulé « Jésus au tombeau », examinant les récits des évangiles, Renan expose sa conception de la Résurrection et demande :

29 Geffray, Élie, « L'Église catholique face à Renan et à ses héritiers », *Actes des journées d'étude Ernest Renan*, Saint-Brieuc, 1993, p. 116.

30 Renan, Ernest, *Vie de Jésus*, Paris, Calmann-Lévy, 1962, p. 273.

> [...] Par qui son corps avait-il été enlevé ? Dans quelles conditions l'enthousiasme, toujours crédule fit-il éclore l'ensemble de récits par lequel on établit la foi en la résurrection ? C'est ce que, faute de documents contradictoires, nous ignorerons à jamais. Disons cependant que la forte imagination de Marie de Magdala joua dans cette circonstance un rôle capital. Pouvoir divin de l'amour ! moments sacrés où la passion d'une hallucinée donne au monde un Dieu ressuscité[31].

Pour bien mesurer l'effet produit par un tel passage, il faut se tourner vers saint Paul :

> Frères, je vous rappelle la Bonne Nouvelle que je vous ai annoncée [...] Le Christ [...] est ressuscité le troisième jour conformément aux Écritures. [...] Nous proclamons que le Christ est ressuscité d'entre les morts ; alors comment certains d'entre vous peuvent-ils affirmer qu'il n'y a pas de résurrection des morts ? S'il n'y a pas de résurrection des morts, le Christ non plus n'est pas ressuscité. Et si le Christ n'est pas ressuscité, notre proclamation est sans contenu, votre foi aussi est sans contenu et nous faisons figure de faux témoins de Dieu [...][32].

L'ENTERREMENT CIVIL DE RENAN

Un autre point est encore à considérer : le testament moral que Renan a introduit dans les *Souvenirs d'enfance et de jeunesse*, publiés en 1883. Renan imagine le terme de sa vie, espère qu'il ne sera pas touché par un affaiblissement de sa force et de sa vertu et écrit :

> Je serais désolé de traverser une de ces périodes d'affaiblissement où l'homme qui a eu de la force et de la vertu n'est plus que l'ombre et la ruine de lui-même [...]. Je proteste d'avance contre les faiblesses qu'un cerveau ramolli pourrait me faire dire ou signer. C'est Renan sain d'esprit et de cœur comme je le suis aujourd'hui, ce n'est pas Renan à moitié détruit par la mort et n'étant plus lui-même, comme je le serai si je me décompose lentement, que je veux qu'on croie et qu'on écoute[33].

31 *Ibid.*, p. 354.

32 *Première Épître aux Corinthiens*, chap. 15, v. 1-4, 12-29.

33 Renan, Ernest, *Souvenirs d'enfance et de jeunesse*, Paris, Livre de poche n° 2308, 1967, p. 231-232. On pense bien sûr au roman de Roger Martin du Gard, *Jean Barois*, Paris, Gallimard, 1921.

Or, l'Église qualifie d'« impénitence finale », pour elle « le plus terrible prélude de l'obstination diabolique éternelle[34] », la volonté de mourir sans les derniers sacrements. À l'époque où ces lignes furent publiées, les enterrements civils étaient en augmentation constante. Pour l'Église, ils constituaient une mauvaise action « car on ne peut ravir sans danger à la foule ce qui la console et la soutient », comme cela fut dit à l'occasion des obsèques civiles d'Edgar Quinet en 1875[35].

LA PRESSE CATHOLIQUE ET LA MORT DE RENAN

Lors de la mort de Renan, *La Croix* et *L'Univers* le condamnèrent dans les termes que l'on pouvait attendre de ces organes. Le 4 octobre, *La Croix* présenta Renan comme le « grand pontife du laïcisme », le « pauvre apostat Renan », comme « un sophiste habile qui n'usa du talent que le ciel lui avait donné que pour mentir et pour corrompre ». Le 6, elle en fit un « lettré sans morale et sans foi », un « jouisseur cynique », un « homme répugnant » et le compara à « un bénitier fêlé qui garde encore la saveur de l'eau sainte qu'il n'a pas su conserver », image somme toute plus poétique que celle de la cervelle de Renan comparable à une « cathédrale désaffectée[36] ». Le 7, *La Croix* remarqua que le jour des funérailles civiles de Renan correspondait au jour de la fête du Saint Rosaire – d'abord appelée Notre-Dame de la Victoire –, instituée après la bataille de Lépante (7 octobre 1571) et qu'il s'agissait en outre du premier vendredi du mois, jour de piété particulier pour les catholiques[37] ; elle appela ceux

34 Article « Impénitence finale », *Dictionnaire de théologie catholique*, Paris, Letouzey et Ané, 1930, t. VII, 2e partie, col 1281 ss.

35 Présentation du poème « Enterrements civils », Victor Hugo, *La légende des siècles*, nouvelle édition [...] par Paul Barret, Paris, Hachette 1925, t. V, p. 1046.

36 Comparaison avancée par Alphonse Daudet, rapportée par les Goncourt, le 1er février 1885 : « Daudet a une originale comparaison. Il dit que la cervelle de Renan ressemble à une cathédrale désaffectée du culte, qui contient du bois, des bottes de paille, un tas de choses quelconques, mais tout en conservant son architecture religieuse », *Journal des Goncourt. Mémoires de la vie littéraire*, 3e série, 1er volume, t. 7e. 1885-1888, Paris, G. Charpentier et E. Fasquelle, 1894, p. 9.

37 Selon l'enseignement de l'Église, en 1688, lors de l'une de ses apparitions à Marguerite Marie, Jésus-Christ lui promit de réserver une bonne mort à tous ceux

qui le pouvaient à communier et à « prier pour réparer l'outrage fait à Dieu dans l'exaltation de Judas ». Le 4 octobre, *L'Univers* traita Renan de « douceâtre blasphémateur, qui ne savait que railler à genoux ou les yeux baissés » – manière de souligner son hypocrisie – et insista sur sa rétractation anticipée pour le cas où il viendrait à faiblir sur son lit de mort. Le 8, il affirma qu'un « simple *De Profundis* eût été préférable pour le malheureux dont la dépouille mortelle recevait cette apothéose, pendant que son âme… ».

Outre ces deux quotidiens, diverses publications catholiques s'attardèrent sur Renan à l'occasion de sa mort et de ses obsèques. *La Semaine religieuse du diocèse de Saint-Brieuc et Tréguier* inséra dans son numéro du 7 octobre 1892, un bref article se terminant par ces lignes :

> Le souvenir de ses premières ferveurs d'enfant et de clerc lui sera-t-il remonté au cœur pendant ce demi-sommeil qui a rempli ses derniers jours. Nous voudrions l'espérer, sans l'oser, par pitié pour cette âme coupable[38].

Le 14 octobre, nettement plus vindicative, elle reproduisit un long poème d'Achille du Clésieux, daté du 24 août 1863, commençant par cette interpellation lancée à Renan :

> Breton, non ! juif issu du sang d'Iscariote / Que viens-tu faire ici ? […][39].

Publié par *Le Correspondant*, l'article de Mgr d'Hulst[40] se distingue par la volonté de son auteur de conjuguer justice et miséricorde,

qui communieraient le premier vendredi du mois, neuf fois de suite, https://sspx.ca/fr/news-events/calendar/premier-vendredi-du-mois-dévotion-au-sacré-cœur-de-jésus-55811 (consulté le 07/09/2021).

38 « Mort de Renan », *La Semaine religieuse du diocèse de Saint-Brieuc et de Tréguier*, 7 octobre 1892, p. 665.

39 « Renan, le Breton apostat », *ibid.*, 14 octobre 1892, p. 687.

40 D'Hulst Mgr, « M. Renan », *Le Correspondant*, 25 octobre 1892, p. 193-227. Mgr d'Hulst était recteur de l'Institut catholique de Paris, prélat domestique de Léon XIII, prédicateur à Notre-Dame de Paris, député du Finistère depuis le 6 mars 1892. Voir Beretta, Francesco, *Mgr d'Hulst et la science chrétienne. Portrait d'un intellectuel*, Préface de Mgr Valdrini, Paris, Beauchesne, p. 390 ss.

de reconnaître les aspects positifs de la vie et de l'œuvre de Renan qui, contrairement à de nombreux autres apostats, « n'a jamais raillé ni invectivé le christianisme » et n'a toujours « parlé des prêtres qu'avec reconnaissance et respect[41] ». Mgr d'Hulst avance aussi des excuses en faveur de celui qui reste toutefois un apostat à ses yeux : à l'époque où Renan faisait ses études de théologie, l'apologétique, dit-il, était notoirement insuffisante et des facilités lui manquèrent donc « pour la résistance que des circonstances plus heureuses lui auraient offertes[42] ». Il insiste aussi sur l'influence exercée sur Renan par sa sœur, qui l'avait, semble-t-il, « précédé dans la désertion des croyances[43] ». Il rend justice à Renan en matière d'exégèse, car « par lui, les synoptiques, les Actes, la plupart des épîtres ont été reportés à la date qui leur appartient et, bien qu'il ait torturé ses documents lorsqu'il y trouvait le surnaturel, c'est déjà beaucoup de les avoir remis à leur vraie place. Aujourd'hui, même en Allemagne, on n'ose plus abaisser autant qu'on le faisait il y a quarante ans l'époque de la composition de ces livres. M. Renan est pour beaucoup dans cette justice rendue[44] ». Il n'en demeure pas moins que l'article est tissé de condamnations humaines et doctrinales. Mgr d'Hulst reproche à Renan de n'avoir pas gardé pour lui ses dénégations, lui qui, plus que tout autre, « savait quelle blessure il allait causer à cette Église, que, naguère encore, il appelait sa mère » ; il demande s'il ne lui aurait pas été possible de « se consacrer à quelque grande et utile besogne scientifique » sans « porter la pioche sous les fondements mêmes de l'édifice sacré qui avait abrité sa pieuse jeunesse ». Pour Mgr d'Hulst, en agissant ainsi, Renan avait manqué d'une « de ces délicatesses qui ne s'apprennent pas dans les livres », mais se trouvent dans le cœur « quand on a du cœur[45]… ». Dans sa conclusion générale sur l'œuvre renanienne, Mgr d'Hulst estime que Renan

41 *Ibid.*, p. 195.
42 *Ibid.*, p. 201-202.
43 *Ibid.*, p. 203.
44 *Ibid.*, p. 215.
45 *Ibid.*, p. 222-223.

possédait des « dons merveilleux », mais que par son scepticisme, un scepticisme « pénétrant grâce à ses allures insinuantes », il avait jeté un « froid mortel » sur les âmes[46]. Par ses écrits, Renan devait donc être classé « parmi les malfaiteurs de leur temps et de leur pays » et Mgr d'Hulst se console en pensant que son œuvre « vieillira vite et ne survivra guère à celui qui l'a construite ». L'article se clôt sur les funérailles célébrées aux frais de l'État, disposition ne pouvant s'expliquer ni par les titres scientifiques, ni par les titres politiques – car Renan n'était même pas républicain, même s'il avait « fait quelques politesses à la République dans les derniers temps ». L'explication de ces obsèques était à chercher dans l'orientation du gouvernement :

> la dépouille de Renan a reçu les honneurs publics parce que Renan fut de son vivant et reste par ses écrits un des plus dangereux ennemis de la foi chrétienne… Oui, nous le savons bien, la déchristianisation est le but[47].

Les propos de Mgr d'Hulst sont sévères, mais restent empreints de dignité[48]. Il en alla tout autrement avec *Études*, revue de la compagnie de Jésus, qui publia en novembre 1892 un long article du père Victor Delaporte, intitulé « L'"Apothéose" de Renan ». Le père Delaporte souligne une coïncidence calendaire portant non pas sur la date des funérailles, comme dans *La Croix*, mais sur celle de la mort de Renan,

46 *Ibid.*, p. 220.

47 *Ibid.*, p. 226-227.

48 Le 24 janvier 1893, *L'Univers* publia une longue réfutation de l'article de Mgr d'Hulst, rédigée par l'un de ses collaborateurs, l'abbé Paulin Moniquet. Mgr d'Hulst aurait été trop indulgent pour l'apostasie de Renan, aurait recommandé une méthode d'investigation condamnée par l'Église. Le recteur de l'Institut catholique répondit dans *L'Univers* du 27 : l'abbé Moniquet, dit-il, condamne « le doute scientifique parce qu'il est doute », lui estime qu'il est permis « parce qu'il est scientifique » : ce qui est condamné par le concile de Vatican, ce n'est pas le doute, mais « uniquement le doute réel et positif ». Il se réfère par ailleurs à la méthode de saint Thomas d'Aquin. L'abbé publia ultérieurement un ouvrage intitulé *Un demi-siècle d'histoire. 1858-1914. La France en péril sous l'étreinte judéo-maçonnique*, dans lequel Renan est présenté comme « l'apostat et blasphémateur Renan » et la *Vie de Jésus* comme un « livre infâme », une « œuvre de haine froide, sarcastique, qui avait porté l'effroi et le scandale au cœur de l'Europe chrétienne », Paris, La Renaissance française, 1914, p. 32.

le dimanche 2 octobre, jour de la fête des saints anges gardiens ; or, souligne l'auteur, l'évangile du jour, tiré de saint Mathieu (18, 1-10) contient la célèbre mise en garde :

> « Malheur à celui par qui le scandale arrive[49] ». Renan apparaît dans cet article comme un blasphémateur, un lettré douceâtre, un Judas épicurien murmurant des *ave rabbi* à mi-voix, avec des demi-sourires[50] ».

Marquées par les frétillements de la libre pensée, ses obsèques furent, selon le père Delaporte, de bon augure pour le catholicisme, car le choix d'un tel patron constituait de la part de la libre pensée l'aveu de « son indigence, de son extrême détresse[51] ». L'article se distingue par une description physique de Renan, tel qu'il était prétendument dans les semaines précédant sa mort, tirée d'un article de *L'Étoile de la Vendée*[52] signé « Joseph Chouan » ; le père Delaporte précise qu'il eut une confirmation de ce récit par ce dernier, dont la véritable identité est inconnue. Ce récit de Joseph Chouan est censé émaner d'un homme, venu visiter Renan à Louannec, mais qui, n'ayant pu parvenir jusqu'à lui, avait dû se contenter de l'observer à distance lors de l'une de ses promenades. Renan y apparaît « toussant, crachant, soufflant, gémissant, tremblant, pleurant comme une âme en peine », accompagné de deux valets portant « un fauteuil en bois auquel sa forme assignait un double usage et sur lequel on assit le malheureux tout épuisé[53] ». Le père Delaporte se réjouit par ailleurs à l'idée que la terre bretonne n'ait pas à subir « la souillure » de l'odieux cadavre du *bastard Breizad* de son corps[54] mais, écrit-il, « les

49 Delaporte, Y., « L'apothéose de M. Renan », *Études*, novembre 1892, p. 454. Professeur au collège Vaugirard et historien de la littérature française, le père Victor Delaporte (1846-1910) composa des drames chrétiens, un hymne à sainte Radegonde et des Noëls.

50 *Ibid.*, p. 477.

51 *Ibid.*, p. 456.

52 Installée aux Sables d'Olonnes, *L'Étoile de la Vendée* parut de 1886 à 1944. Le père Delaporte ne donne pas la date de l'article de Joseph Chouan.

53 « L'"Apothéose" de M. Renan », p. 443-444.

54 *Ibid.*, p. 445 et 450.

Bretons envisagent déjà avec tristesse le moment où ce monument [une statue de Renan] s'élèvera devant la cathédrale, là où l'échafaud s'élevait il y a 100 ans », un monument que le gouvernement « fera couler en bronze ou tailler dans le granit[55] ».

Mais il y eut pire dans *Le Pèlerin* du 16 octobre. Après avoir rappelé que le père de Renan, suicidé, avait probablement aussi été enterré sans le secours de l'Église, cet organe reproduisit des passages de *L'Étoile de la Vendée* que le père Delaporte n'avait pas rapportés :

> Le vieillard [Renan] s'arrêta. Deux valets s'empressèrent. Je vis un fauteuil de bois sur lequel on assit le vieux. C'était une chaise percée. Pendant cette pose [*sic*], je vis une espèce de Quasimodo bossu devant, bossu derrière. Un pince-nez d'or posé sur un nez en bec de hibou. C'était le fils de Renan, laid rejeton qui arrachait à son père à l'heure de sa naissance, ce cri désespéré d'une conscience aux abois : "C'est la vengeance de Dieu"[56].

Puis le témoin de cette scène ajoute s'être entretenu avec des paysans bretons et avoir recueilli ces paroles :

> Il est gâteux, lui si orgueilleux jadis en est réduit à porter une culotte ouverte par derrière comme on fait pour les enfants malpropres. Là où il va il faut qu'il soit suivi d'une chaise percée.

Ce récit odieux rappelle bien sûr les bruits colportés à propos de la mort de Voltaire, qui aurait, dans le délire de son agonie, mangé ses propres excréments.

En 1893, deux auteurs, Henri Desportes et François Bournand, se distinguèrent aussi par leurs récits relatifs à la santé de Renan, que les paysans bretons, dirent-ils, voyaient sans aucune émotion « mourir par lambeaux » durant l'automne 1892. D'après eux courait un bruit populaire, selon lequel Renan était atteint du mal pédiculaire, auquel Barbey d'Aurevilly, qui détestait Renan, aurait déjà

55 *Ibid.*, p. 451.

56 Ary Renan souffrait en effet d'un handicap physique.

fait allusion dans un article du *Constitutionnel* en 1882. Et les deux auteurs de s'exclamer :

> Renan dévoré par les poux ! On trouvait là un terrible châtiment des blasphèmes dont il était l'auteur[57].

UNE CONTRE-MÉMOIRE, LE CALVAIRE DE RÉPARATION

Le 19 mai 1904, fut érigé à Tréguier un calvaire dit « de réparation » qui fut, précise Jean Balcou, le dernier grand calvaire érigé en Bretagne[58]. Cette œuvre de granit, due au sculpteur Yves Hernot, se réfère implicitement à Renan et à la *Vie de Jésus*, car, sous le bas-relief représentant saint Yves entre le riche et le pauvre, figure en latin, en breton et en français la parole du centurion Longin :

> *vere hic homo filius dei erat* st Marc 15 39 », « en gwirione an den ze e ca mab doue », « cet homme était vraiment le fils du dieu[59].

Ces trois mémoires élaborées entre la mort de Renan et la Première Guerre mondiale ne sont pas demeurées immuables. L'encyclopédie *Catholicisme* signale que, dès l'entre deux guerres, dans une société en voie de laïcisation, Renan n'était « plus l'ennemi de Dieu, mais celui

---

57 Desportes, Henri, Burnand, François, *Ernest Renan, sa vie et son œuvre*, préface par J. de Biez, Paris, Tolra, 1893, p. 261. L'ouvrage est dédié à « S.S. Léon XIII / glorieusement régnant / Pour consoler son cœur de pasteur / De la douleur à lui causée / Par les funérailles publiques / Faites à un apostat / Par le gouvernement de la France catholique ». Le *Traité thérapeutique des maladies vénériennes et des maladies cutanées* de P. Diday et A. Doyon (Paris, G. Masson, 1876) donne de cette maladie, également nommé phthiriase, la description suivante : « La présence de ces parasites sur la peau donne lieu à des démangeaisons déterminant le grattage et des éruptions de diverses natures : érythémateuses, prurigineuses, ecthymateuses, etc. » et ajoute que lorsque la présence des *pediculi corporis* est liée à un mauvais état général, « il est souvent difficile d'en triompher » car « ils repullulent avec une ténacité désespérante », p. 813-814. Ces éruptions diverses peuvent vaguement rappeler la 6e plaie d'Égypte, consistant en furoncles bourgeonnant en pustules.

58 Balcou, Jean, *Renan : Un Celte rationaliste*, Rennes, Presses universitaires de Rennes, 1997, p. 196.

59 Voir la description détaillée et les photographies sur le site https://statues.vanderkrogt.net/object.php?record=frbr018 (consulté le 07/09/2021).

qui a maintenu le goût de l'interrogation religieuse » ; elle ajoute que, si aujourd'hui ses travaux sont dépassés, il n'en a pas moins « ouvert des voies, intéressé un public plus vaste à des recherches réservées jusque-là aux seuls spécialistes[60] ».

Quant à la mémoire républicaine, elle est sujette à bien des oscillations. Sous la présidence de Nicolas Sarkozy, lors du débat sur l'identité nationale Renan fut valorisé grâce à la célèbre conférence *Qu'est-ce qu'une nation ?* Mais un autre texte de Renan, *La Réforme intellectuelle et morale*, contient, outre certains jugements hostiles à la démocratie, des passages sur la colonisation et les diverses races[61] très éloignés des valeurs républicaines actuelles, en ces temps où la décolonisation et l'anti-racisme nourrissent les débats. Au même titre que Vacher de Lapouge, Jules Ferry, Paul Bert, etc., Renan est dénoncé comme un auteur raciste ; toutefois, contrairement à d'autres monuments, celui de Tréguier ne semble pas avoir été menacé.

Jacqueline LALOUETTE

60 Fraisse, S., « Renan (Ernest », *Catholicisme. Hier Aujourd'hui Demain*, tome XII, Paris, Letouzey et Ané, 1990, col. 881.

61 *La Réforme intellectuelle et morale* [Michel Lévy, 1871], Paris, 10-18, 1967, p. 141-144. Plusieurs années avant la période de *Black Lives Matter*, Henry Laurens a signalé qu'« aujourd'hui, c'est avant tout de racisme et de colonialisme que Renan se trouve accusé », Laurens, Henry, « Les multiples visages d'Ernest Renan », *Le Monde diplomatique*, décembre 2009.

BIBLIOGRAPHIE

ARTICLES

Almanach de la Libre Pensée publié par l'Association nationale des libres penseurs de France, Paris, 1903 (mois de février).

Bulletin du Grand Orient de France, octobre-novembre 1892, « Travaux du Conseil de l'Ordre », séance du 4 octobre 1892.

Bulletin municipal officiel de la ville de Dijon, 1904.

Compte rendu des travaux du Grand Orient de France, du 1er juillet au 30 septembre 1903, Paris, Secrétariat général du Grand Orient de France, Travaux du Conseil de l'Ordre, séance du 6 juillet, 1903.

Compte rendu des travaux du Grand Orient de France, Suprême Conseil pour la France et les possessions françaises, Paris, Secrétariat général du Grand Orient de France, 1910.

Dossier de la loge Ernest Renan, archives du Grand Orient de France.

La Croix, 4, 5, 6, 7, 8 octobre ; 11, 12 octobre 1892.

La Lanterne, 7, 8, 9 octobre 1892.

Le Livre d'Or de Renan, Paris, A. Joanin et Cie, 1903.

Le Pèlerin, 9 et 16 octobre 1892.

Le Rappel, 7, 8, 9 octobre 1892.

« Les fêtes de Renan à Tréguier », *L'Action quotidienne, anticléricale, socialiste*, 4 septembre 1903.

Le Siècle, 4, 5, 6, 8 octobre 1892.

L'Intransigeant, 4, 5, 6, 7, 8, 9 octobre 1892.

L'Univers, 4, 5, 6, 7, 8, 9 octobre 1892.

« Mort de Renan », *La Semaine religieuse du diocèse de Saint-Brieuc et de Tréguier*, 7 octobre 1892, p. 665.

« Renan, le Breton apostat », *La Semaine religieuse du diocèse de Saint-Brieuc et de Tréguier*, 14 octobre 1892.

« Renan », *Grand dictionnaire universel du XIXe siècle*, tome XIII (2), *passim* ; 1er supplément, tome XVI, p. 1178 ; 2e supplément, tome XVII, p. 1772.

OUVRAGES

BALCOU, Jean, *Renan : Un Celte rationaliste*, Rennes, Presses universitaires de Rennes, 1997.

BERETTA, Francesco, *Mgr d'Hulst et la science chrétienne. Portrait d'un intellectuel*, Préface de Mgr Valdrini, Paris, Beauchesne, 1996.

DAUDET, Léon, *Le stupide* XIXe *siècle. Exposé des insanités meurtrières qui se sont abattues sur la France depuis 130 ans. 1789-1919*, Paris, Nouvelle Librairie nationale, 1922.

DELAPORTE, Y., « L'apothéose de M. Renan », *Études*, novembre 1892, p. 442-478.

DESPORTES, Henri, BURNAND, François, *Ernest Renan, sa vie et son œuvre*, préface par J. de Biez, Paris, Tolra, 1893.

FAURY, Jean, « Le Tarn et la loi de séparation », n° 175-176, *Cahiers Jaurès*, janvier-juin 2005, p. 33-83.

FRAISSE, S., « Renan (Ernest) », *Catholicisme. Hier Aujourd'hui Demain*, tome XII, Paris, Letouzey et Ané, 1990, col. 879-882.

GASNIER, Maurice, *La destinée posthume de Renan de 1892 à 1923. Essai sur une réception idéologique*, thèse pour le doctorat d'État présentée à l'Université de Bretagne occidentale, Brest, 1988.

GEFFRAY, Élie, « L'Église catholique face à Renan et à ses héritiers », *Actes des journées d'étude Ernest Renan*, Saint-Brieuc, 1993, p. 116 *sqq.*

GONCOURT, *Journal des Goncourt. Mémoires de la vie littéraire*, 3e série, 1er volume, t. 7e. 1885-1888, Paris, G. Charpentier et E. Fasquelle, 1894.

HULST, Maurice (d'), Mgr, « M. Renan », *Le Correspondant*, 25 octobre 1892, p. 193-227.

LALOUETTE, Jacqueline, *Un peuple de statues. La célébration sculptée des grands hommes (France. 1801-2018)*, Paris, Mare et Martin, 2018.

LAURENS, Henry, « Les multiples visages d'Ernest Renan », *Le Monde diplomatique*, décembre 2009.

MONIQUET, Paulin, *Un demi-siècle d'histoire. 1858-1914. La France en péril sous l'étreinte judéo-maçonnique*, Paris, La Renaissance française, 1914.

OZOUF, Mona, « Renan revisité », *Commentaire*, n° 134, été 2011, p. 311-320.

RENAN, Ernest, *La Réforme intellectuelle et morale* [Michel Lévy, 1871], Paris, 10-18, 1967.

RENAN, Ernest, *Marc-Aurèle et la fin du monde antique*, Paris, Calmann Lévy, 1882.

Renan, Ernest, *Souvenirs d'enfance et de jeunesse*, Paris, Livre de poche nº 2308, 1967.

Renan, Ernest, *Vie de Jésus*, Paris, Calmann-Lévy, 1962.

Valéro, Bernard, « La Libre Pensée n'en sera pas ! », *La Nouvelle République des Pyrénées*, 10 décembre 2009.

Vimard, Raoul, « Renan », *La Libre Pensée française. Bulletin officiel de l'Union fédérative de la Libre Pensée de France et des Colonies*, avril 1923.

RENAN VU DE DROITE

Les références à Renan dans *La Revue universelle* (1920-1940)

En 1907 dans un ouvrage intitulé *Les Maîtres de la Contre-révolution au dix-neuvième siècle*[1], Louis Dimier rangeait, avec certaines précautions, Ernest Renan parmi les maîtres dont les royalistes maurrassiens pouvaient se réclamer. Malgré l'hostilité persistante de la droite catholique, il y a eu une récupération de certains écrits de Renan, principalement la *Réforme intellectuelle et morale de la France*, par la droite monarchiste. Maurice Gasnier a étudié cette double réception pour la période 1892-1923 c'est à-dire entre la mort de Renan et la célébration du centenaire de sa naissance[2]. Nous nous proposons de prolonger son étude pour la période 1920-1940 dans laquelle Maurice Gasnier offre d'ailleurs d'intéressantes incursions. Il est important en effet de voir si après les festivités du centenaire Renan demeure une référence dans le débat intellectuel et de préciser en particulier quelle est à son égard la position de la droite monarchiste qui occupe en ces années une large part du champ intellectuel.

Nous avons choisi comme poste d'observation *La Revue universelle* qui joue un rôle central dans le paysage intellectuel de l'entre-deux-guerres et qui veut être une *NRF* de droite. Elle a été fondée en 1920, dans la foulée du manifeste « Pour un parti de l'intelligence » publié par Henri Massis dans *Le Figaro littéraire* du

1 Dimier, Louis, *Les Maîtres de la Contre-révolution au* XIXe *siècle*, leçons professées à l'Institut d'Action française, Paris, Nouvelle librairie nationale, 1907.

2 Gasnier, Maurice, « La Destinée posthume de Renan de 1892 à 1923, Essai sur une réception idéologique », thèse dactylographiée (sous la direction de Jean Balcou), Brest, 1988.

19 juillet 1919. Elle est animée par Jacques Bainville (1879-1936), directeur jusqu'à sa mort en février 1936, Henri Massis (1886-1970), rédacteur en chef, et Jacques Maritain (1882-1973) responsable de la rubrique « philosophie » jusqu'à sa rupture avec l'Action française en 1927. À la différence du quotidien *L'Action française*, elle n'intervient pas dans la politique au jour le jour et se veut un organe de réflexion et de critique littéraire et philosophique. J'ai étudié la présence de Renan dans *La Revue universelle* et dans les autres écrits de ses trois principaux rédacteurs, en laissant de côté les textes consacrés au petit-fils de Renan, Ernest Psichari, que Maurice Gasnier a largement commentés.

Ces trois rédacteurs illustrent deux versants de la pensée maurrassienne : Henri Massis, l'un des auteurs de la célèbre enquête d'Agathon sur *Les Jeunes gens d'aujourd'hui* (1913), défend un point de vue catholique ; après avoir été barrésien, il est venu au maurrassisme par goût des idées claires et des affirmations fortes. Comme Massis, Maritain représente la critique catholique renouvelée par la redécouverte du thomisme ; mais plus catholique que maurrassien, Jacques Maritain quittera *La Revue universelle* en 1927, après la condamnation de Maurras par le Vatican. Jacques Bainville s'exprime en historien spécialiste des relations internationales et s'intéresse davantage au Renan politique. Ils font partie d'une génération qui a découvert la pensée de Renan à travers les débats de leurs aînés immédiats et qui l'a lu attentivement.

Dans cette revue, que j'ai dépouillée de 1920 à 1945, l'œuvre proprement littéraire de Renan est très rarement évoquée. En 1932 est publiée une note d'Auguste Le Flamanc sur une source jusque-là inconnue de la « Prière sur l'Acropole » : les articles d'Édouard Richer, rédacteur dans *Le Lycée armoricain*[3]. En 1937 au détour d'un compte rendu des *Vergers sur la mer* de Charles Maurras, Léon Daudet dit sa déception à la relecture des *Dialogues philosophiques* de Renan :

3 *La Revue universelle*, LI-16, 15 nov. 1932 (nous désignerons désormais cette revue par les initiales *RU*).

> Une récente lecture des *Dialogues philosophiques* de Renan, qui m'avaient intéressé autrefois, m'a laissé aussi consterné que sa *Vie de Jésus*. Renan a été extraordinairement surfait, en raison de l'anticléricalisme politique de son œuvre. Sauf dans *Averroès et l'averroïsme*, c'est un esprit se jouant aux surfaces, sans véritable profondeur et tout imprégné de métaphysique allemande, grande maîtresse de confusion mentale[4].

Renan est présent surtout comme penseur mais il n'est plus au centre des débats intellectuels. Massis est le seul parmi les collaborateurs de *La Revue Universelle* à lui consacrer des études de fond.

Pour Massis en 1923 Renan est encore un écrivain à combattre. Il lui consacre dans *La Revue universelle*, une série de trois articles[5] qui seront repris dans le premier tome de son volume *Jugements*. Cette étude coïncide avec les cérémonies du centenaire mais ne leur est pas liée. Elle s'inscrit dans le combat de Massis contre le relativisme, en particulier en matière religieuse. Massis a précédemment attaqué Anatole France dans *La Revue hebdomadaire* en novembre 1921 (« Anatole France ou l'humanisme inhumain ») puis il a commencé à tuer le père, Maurice Barrès, dans une série d'articles de la *Revue des jeunes* intitulés « Maurice Barrès ou la génération du relatif[6] ». Ce conflit avec Barrès aboutira à une rupture totale en 1923, lors de la querelle suscitée par la publication d'*Un jardin sur l'Oronte*. Or ce que Massis reproche à Barrès, c'est son renanisme impénitent :

> En vrai fils de Renan et de Taine, et de tous les philosophes qui dénient qu'une vérité universelle existe, Maurice Barrès n'entend pas réviser son incroyance ; il ne veut pas davantage s'en désoler[7].

Massis a rassemblé ces trois études dans le premier volume de son recueil *Jugements* publié en 1923. Dans ce recueil il place l'étude sur

---

4 *RU*, LXX-12, 15 sept. 1937, p. 732.

5 Massis, Henri, « Ernest Renan ou le romantisme de l'intelligence », *La Revue universelle*, XII-22-23 et XIII-1, 15 fév., 1er mars, 1er avril 1923, repris dans *Jugements*, I, Paris, Plon, 1923.

6 Massis, Henri, « Maurice Barrès ou la génération du relatif », *Revue des Jeunes*, 10 oct., 25 oct., 10 nov. 1922.

7 *Jugements*, *op. cit.*, p. 222.

Renan en premier (quoiqu'elle ait été écrite après les deux autres) parce qu'il voit en lui le penseur qui a exercé la plus grande influence sur la génération de ses maîtres. Renan aurait inoculé la maladie du relativisme à ses lecteurs des années 1880[8].

Massis attaque à la fois et indissolublement l'homme et la pensée. Le titre même de son étude, « Ernest Renan ou le romantisme de l'intelligence », la place dans la lignée de la critique maurrassienne du romantisme. La philosophie de Renan présenterait la tare romantique d'être l'expression du moi, au lieu de reposer sur une analyse objective et raisonnée de la réalité. Massis donne sa propre définition de la philosophie :

> cette science de la raison vraie, une et universelle, qui cherche les causes et les principes, les vérités démonstratives capables d'établir l'évidence ou du moins la certitude[9].

À l'inverse, la pensée de Renan ne serait qu'une « vaste confession subjective[10] ». Elle aurait pour but, en valorisant la figure du savant, de justifier l'image avantageuse que Renan a de lui-même[11]. Massis s'appuie sur les *Cahiers de jeunesse* et *L'Avenir de la science* pour brosser un portrait-charge du jeune Renan : un être obsédé de son moi, désireux de réaliser « son type[12] » et de s'assimiler l'univers. Il cite ce passage des *Cahiers de jeunesse* : « Ah ! Pourquoi n'ai-je qu'une vie ! Que ne puis-je tout embrasser[13] ! ». Massis fait grief à Renan d'un trait commun à tous les journaux intimes écrits à l'âge où l'être se cherche.

À cette « âme incontinente[14] », la philosophie allemande va apporter selon Massis l'instrument intellectuel qu'elle attendait. Le panthéisme, l'idée de l'éternel *fieri* autorise le penseur à ne pas choisir et Massis de citer ce cri de Renan découvrant la philosophie allemande : « Tout

8 *Ibid.*, p. 3-4.
9 *Ibid.*, p. 32.
10 *Ibid.*, p. 8-9.
11 *Ibid.*, p. 76 ; 92.
12 *Ibid.*, p. 18.
13 *Ibid.*, p. 21.
14 *Ibid.*, p. 39.

est à nous[15] ! ». Cette philosophie qui affaiblit le principe de non-contradiction le débarrasse du « joug importun de la conséquence[16] ». La pensée de Renan manque en effet de rigueur selon Massis. Elle repose sur des impressions, des sensations, elle n'est pas fondée en doctrine[17]. Loin de se plier aux règles de l'objectivité scientifique, elle est une amplification des préjugés de l'auteur. Massis note par exemple que Renan refuse a priori la possibilité du miracle, alors que la question devrait au moins faire débat[18]. Sur ce point Renan, contrairement au mérite qu'on lui reconnaît généralement, n'aurait pas dépassé le voltairianisme vulgaire mais se serait contenté de l'habiller d'idéalisme allemand[19].

Le portrait intellectuel que Massis trace de Renan est aussi un portrait moral ; il le définit comme un enfant, « une nature "révolutionnaire et mécontente", qui trépigne sous la contradiction et s'irrite de la contrainte[20] ». Sa pensée serait peu virile[21] et Massis en veut pour preuve les textes où Renan dit son rêve de penser en femme[22]. Il décèle dans l'œuvre de Renan une « molle idéalité qui dégoûte[23] » et qui entraîne un grand « désordre de l'esprit[24] ».

Le soupçon d'hypocrisie et de lâcheté intellectuelle hante l'analyse de Massis. Dans son exposé de la religion de Renan, le verbe « éluder » apparaît en trois occurrences[25] :

> Par cette idéalisation de la personnalité du Christ, par cette « épuration » du christianisme, Renan a non seulement éludé toutes les conséquences pratiques, toutes les sommations que la croyance adresse à ses fidèles en

15 *Ibid.*, p. 36.
16 *Ibid.* p. 35.
17 *Ibid.*, p. 4.
18 *Ibid.*, p. 81.
19 *Ibid.*, p. 84.
20 *Ibid.*, p. 37.
21 *Ibid.*, p. 6-7.
22 Ernest Renan, *Feuilles détachées*, dans *Œuvres complètes*, II, Calmann-Lévy, p. 972.
23 Massis, Henri, *Jugements*, *op. cit.*, p. 92.
24 *Ibid.*, p. 93.
25 *Ibid.*, p. 112, p. 121, p. 122.

> les obligeant à prendre parti [...] mais encore il a vidé le catholicisme de sa réalité intellectuelle et de sa vérité[26].

Massis accuse Renan de ne garder du christianisme qu'une vague adoration et d'ignorer le Mal et la souffrance. L'idéalisme ne serait que le masque de l'orgueil et de l'égoïsme. La volonté réductionniste de Massis apparaît dans l'emploi surabondant de la tournure restrictive « ne que[27] ».

Massis veut détruire ce qu'il appelle la légende renanienne ; il attribue les choix philosophiques et existentiels de l'auteur à des motifs bas. Il suppose un mensonge conscient de la part de Renan au sujet des causes de la perte de sa foi :

> De sa propre aventure, quel parti Renan va-t-il tirer dans le siècle ? – car tout de suite Renan songe à construire la légende de Renan. D'abord il lui faut donner à croire qu'il est sorti du christianisme par "la voie royale de l'histoire et de la critique"[28].

Massis s'appuie sur divers textes pour affirmer que ce n'est pas l'exégèse qui a détaché Renan de la foi. Reprenant l'idée directrice d'un article écrit par Barrès en 1896[29], Massis conteste que Renan ait vécu à Saint-Sulpice une crise de conscience : plus que la foi perdue, ce seraient les commodités matérielles du Séminaire que Renan regretterait[30]. Cet épisode crucial de la vie de Renan est relaté avec une volonté constante de dénigrement. Dans un récit très dramatisé Massis suppose qu'Henriette, détachée elle-même de la foi, poursuit une stratégie visant à conduire progressivement son frère aux mêmes conclusions. La sœur

26 *Ibid.*, p. 122.

27 Voir par exemple Massis, *Jugements*, p. 76-77 : « la philologie n'est qu'une machine de guerre pour abattre la logique des systèmes [...] ; il ne se fait l'apologiste de l'exégèse que parce qu'il veut détruire la certitude dogmatique [...] ; il n'a tant de complaisance pour les sciences historiques que parce qu'elles ne s'attachent pas à leurs propositions ; et sa ferveur idéaliste n'est qu'un prétexte pour se délivrer de la rigueur des principes [...]. »

28 *Jugements*, p. 61.

29 Barrès, Maurice, « La vérité sur la crise de conscience de M. Renan », *Le Figaro*, 1er mai 1896 (à propos de la publication de la *Correspondance de Renan avec sa sœur Henriette*).

30 *Jugements*, p. 51, note 1.

de Renan est à la fois valorisée comme plus conséquente et plus ferme que son frère, qui n'a pas le courage de tirer les conséquences pratiques de la dissolution de sa foi, mais elle est aussi ridiculisée comme une femme « dominatrice », animée d'« une passion obstinée, inquiète, jalouse » et comme « une âme protestante et kantienne » engoncée dans sa rigidité[31]. Massis oppose le dialogue de Blaise Pascal avec sa sœur Jacqueline « aux aigres contestations de l'institutrice rebelle et de son petit paysan de frère[32] », formulation dans laquelle on perçoit nettement une volonté de dévalorisation sociale.

Massis reprend le combat contre Renan à deux reprises : en 1933, à l'occasion de la publication des sixième et septième volumes des *Cahiers* de Barrès, puis en 1937 lors de la parution du livre d'Henriette Psichari, *Renan d'après lui-même*.

L'article « Barrès et Renan[33] » marque la réconciliation posthume de Massis avec Barrès, mais non pas avec Renan. La lecture des *Cahiers* de Barrès, dont la publication s'étale de 1929 à 1949, révèle à Massis que l'inquiétude religieuse de Barrès tendait vers l'affirmation catholique. Il dit ses regrets de n'avoir pas compris la quête de Barrès au moment de la querelle de l'Oronte. S'il ne peut pas nier que la pensée de Renan soit consubstantielle à celle de Barrès, il considère que Barrès a tiré vers le haut les incertitudes de Renan et les a chargées d'un pathétique bien éloigné du dilettantisme jouisseur. Massis commente ainsi la réappropriation, consciente ou inconsciente, d'une page de Renan par Barrès « Je veux que l'avenir soit une énigme ; mais s'il n'y a pas d'avenir, ce monde est un affreux guet-apens[34] » :

> Cette page, nous dit Massis, Barrès la vide de son idéalisme un peu mou et lui donne, en la paraphrasant, une réalité dramatique, angoissée, qui proprement la "pascalise"[35].

31 *Ibid.*, p. 42, 41, 44.

32 *Ibid.*, p. 53.

33 Massis, Henri, « Barrès et Renan », *RU*, LIV-10, 15 août 1933, p. 481-485.

34 Renan, Ernest, *Conférences d'Angleterre*, Calmann-Lévy, 1880, p. 242-243.

35 Texte de Barrès auquel se réfère Massis : *Mes Cahiers*, t. VI, Plon, 1933, p. 132, cahier 18, automne 1907.

Le compte rendu du livre d'Henriette Psichari, *Renan d'après lui-même*[36], donne lieu non plus à une évaluation des idées mais à un réquisitoire en règle contre le caractère de Renan[37]. Massis retient de ce livre les anecdotes et les lettres soulignant l'égoïsme du personnage. « Un tel livre aggrave, alors qu'il entend la détruire, l'opinion qui fait de Renan l'incarnation vivante de l'égoïsme intellectuel[38] ». Massis en veut pour preuve l'indifférence de Renan face à la Révolution de 1848 et cite cette phrase d'une lettre à Henriette : « Je réserve ma force d'âme pour d'autres occasions moins brutales » ; il s'appuie sur une lettre à Cornélie révélée par le livre d'Henriette Psichari pour affirmer qu'à l'époque de la Commune, le principal souci de Renan était de sauver ses manuscrits de jeunesse.

Au sujet des relations de Renan avec ses proches, Massis ne retient du livre *Renan d'après lui-même* que les marques d'indifférence. Il cite la lettre où Henriette se plaint à Berthelot que son frère ne sait pas aimer : « ses ambitions le préoccupent plus que ses affections et ses nouvelles affections plus que les anciennes[39] ». Massis reproche à Renan de ne pas avoir fait édifier le tombeau qu'Henriette souhaitait et de ne pas avoir fait mettre la moindre inscription sur sa tombe (il a trouvé ce détail dans *Une enquête au pays du Levant* de Barrès). Il souligne qu'en Renan l'homme de lettres soucieux de ne pas perdre une formule bien trouvée pointe son nez dans les circonstances où l'homme devrait être anéanti. Ainsi il s'indigne que Renan ait réutilisé dans la célèbre dédicace à Henriette placée en tête de *Vie de Jésus* des phrases venant d'un article d'hommage au baron d'Eckstein (*Journal des Débats*, 29 novembre 1861) et qu'on retrouve ensuite des structures de phrase et des mots de la dédicace dans son « invocation à Ernestine » (publiée en 1914 dans *Fragments intimes et romanesques*).

36 Psichari, Henriette, *Renan d'après lui-même*, Plon, 1937.

37 Massis, Henri, « Renan d'après lui-même », *RU*, LXXI-13, 14, 15, 1er oct., 15 oct., 1er nov. 1937.

38 *RU*, LXXI-13, 1er oct. 1937, p. 95. Massis reprend ici le titre d'un livre d'Hippolyte Parigot, *Renan, l'égoïsme intellectuel*, E. Flammarion, 1910.

39 *RU*, LXXI-14, 15 oct. 1937, p. 213.

L'argumentation de Massis au sujet de l'indifférence de Renan est pour le moins surprenante : il est choqué que la sérénité de Renan ne soit pas due à une existence facile. Les drames vécus par Renan (suicide de son père, souffrances de sa sœur, maladie d'Ary) sont utilisés contre lui : ils auraient dû lui ouvrir les yeux sur la misère humaine ! Renan n'a pas su tirer la leçon de sa maladie et de la mort de sa sœur :

> Est-ce de ces heures-là, qui, pour d'autres eussent été prémonitoires, que Renan se souvenait lorsqu'il écrivit un jour : "Je maudis la souffrance, parce qu'en affaiblissant notre fierté rationaliste, elle fait oublier la critique"[40] ?

La conclusion de Massis est que « nul homme, né chrétien, n'a été plus dépourvu du sens de la Croix[41] ». En cela il reprend l'observation de Maritain qui décrivait le milieu où Ernest Psichari avait été élevé comme « artificiellement optimiste », « un milieu pour qui le péché originel, et même la misère métaphysique de la nature humaine étaient choses nulles et non avenues[42] ». Alors que la critique catholique a longtemps reproché à Renan un relativisme déprimant, Massis et Maritain mettent en cause au contraire son optimisme sous lequel ils débusquent le rejet du dogme du péché originel.

Massis se réfère à Maritain quand il veut énoncer la bonne doctrine à opposer aux errements de Renan. Maritain est en effet celui qui fait autorité dans le domaine de la philosophie thomiste. Dans les années 1920, il s'attaque moins à Renan qu'à ses prédécesseurs Luther, Descartes, Rousseau, Kant, Herder responsables selon lui de la destruction de la pensée occidentale, car pour Maritain il ne peut y avoir de pensée cohérente, en accord avec le réel, qu'à l'intérieur du cadre catholique.

En 1925, Maritain publie dans *La Revue universelle* un compte rendu[43] du livre de Pierre Lasserre, *La Jeunesse d'Ernest Renan. Histoire*

---

40 *Ibid.*, p. 214.

41 *RU*, LXXI-15, 1er nov. 1937, p. 475.

42 Maritain, Jacques, *Antimoderne*, éd. de la Revue des Jeunes, Desclée et Cie, 1922, p. 230.

43 Maritain, Jacques, « Histoire et métaphysique (à propos de *La Jeunesse d'Ernest Renan*) », *RU*, XXII-8, 15 juillet 1925, p. 241-248.

de la crise religieuse au XIX*e* *siècle*[44], très sévère pour Lasserre comme pour Renan. Pierre Lasserre, très admiré des maurrassiens pour sa thèse sur *Le Romantisme français* (1907) est un collaborateur de *La Revue universelle* pour la critique littéraire mais il a rompu avec Maurras dès avant la guerre, entre autres par refus de la germanophobie systématique de Maurras[45]. Son livre sur *La Jeunesse de Renan* est un prétexte pour refaire à partir du tome II intitulé *Le Drame de la métaphysique chrétienne*, l'histoire de la métaphysique occidentale depuis les Grecs jusqu'au XIXe siècle :

> Ce qui s'est passé en quatre ans dans l'esprit de Renan est le raccourci de ce qui s'est passé en quatre siècles dans la pensée de l'Europe[46].

C'est surtout cette partie philosophique que critique Maritain mais au passage il se permet quelques formules injurieuses à propos de Renan :

> L'intelligence renanienne ne voit pas, elle frôle [...]. M. Pierre Lasserre a subi la contamination de ce procédé renanien. Son dernier livre est abominablement facile[47].

On peut supposer que Maritain ne pardonne pas non plus à Lasserre l'éloge qu'il a fait de Renan à l'occasion du centenaire de l'écrivain :

> Renan est un grand fleuve. Son œuvre, nourrie aux mille sources de la philosophie, de la critique, de la philologie et de la science historique modernes, porte un monde de pensées qui se sont infiltrées dans tous les esprits de notre époque, et jusqu'en ceux-là qui s'affirment le plus opposés à lui et déclarent hautement ne vouloir rien tenir de lui[48].

---

44 Lasserre, Pierre, *La Jeunesse d'Ernest Renan. Histoire de la crise religieuse au* XIX*e* *siècle*, Garnier, 1923.

45 Voir à ce sujet Gaetano DeLeonibus, « Discordances du classicisme maurrassien », dans *Le Maurrassisme et la culture. L'Action française. Culture, société, politique* (III), Olivier Dard, Michel Leymarie, Neil McWilliam (éd.), Presses universitaires du Septentrion, 2010, p. 161-172.

46 Lasserrre, Pierre, *op. cit.*, p. 217.

47 Maritain, Jacques, art. cité, p. 242.

48 Lasserre, Pierre, « Le Centenaire d'Ernest Renan », *Faust en France*, Calmann-Lévy, 1929, p. 74.

L'approche de Massis et de Maritain est une approche de moralistes et de philosophes. Bainville est un journaliste, spécialiste des questions internationales, et un historien vulgarisateur qui repense l'histoire de France dans une perspective maurrassienne pour « dégager, avec le plus de clarté possible, les causes et les effets[49] ». C'est le Renan historien et politique qui l'intéresse, mais il ne l'utilise que ponctuellement. Il recourt à un stock de citations assez stable mais certaines allusions prouvent qu'il a lu Renan de façon approfondie.

La citation qui revient le plus souvent est la formule où Renan qualifie l'histoire de « petite science conjecturale[50] ». Bainville ne l'utilise pas comme une formule toute faite, il la discute et la nuance. Dans un article publié dans *La Revue universelle* en 1931 au sujet du recueil de Valéry, *Regards sur le monde actuel*, il reprend et corrige la formule de Renan : « l'histoire, dans la mesure où elle est une science, n'est pas conjecturale comme le disait Renan, mais subjective[51] » ; il commente son jugement en soulignant que le récit historique s'appuie sur ce que les témoins ont cru bon de noter.

Dans un article intitulé « *Ars conjectandi* » (« L'art de conjecturer »)[52], Bainville approfondit l'idée de Renan par une référence à la distinction du nécessaire et de l'accidentel selon Cournot, ajoutant qu'on a du mal à connaître l'accidentel quand les documents ont disparu[53]. Renan est donc un des points d'appui de sa réflexion sur l'histoire.

Du point de vue politique, on retrouve sous sa plume les références recensées par Maurice Gasnier, parmi lesquelles puisent les monarchistes, en particulier les passages où Renan critique la démocratie. Cette appropriation ne va pas sans déformation. Ainsi Bainville

---

49 Bainville, Jacques, *Histoire de France*, Arthème Fayard, 1941, p. 7 [1re éd. 1924].

50 « Je fus entraîné vers les sciences historiques, petites sciences conjecturales » (Renan, *Souvenirs d'enfance et de Jeunesse*, Gallimard, Folio, 1983, p. 151).

51 Bainville, Jacques, « L'oppression par l'histoire », *RU*, XLVI-13, 1er octobre 1931 (cité d'après Jacques Bainville, *La Monarchie des lettres. Histoire, politique et littérature*, Christophe Dickès (éd.), Laffont-Bouquins, 2011, p. 677.

52 Bainville, Jacques, « *Ars conjectandi* », *RU*, XLIV-19, 1er janvier 1931 (dans *La Monarchie des lettres*, éd. citée, p. 676).

53 *Ibid.* : « Lorsque Renan appelait l'histoire une petite science conjecturale, il se servait d'une forte ellipse. Plus explicites sont Cournot et Tarde. »

emprunte une phrase très générale de la préface des *Souvenirs d'enfance et de jeunesse* pour l'appliquer à trois reprises au personnel politique de la Troisième République :

> Une société où la distinction personnelle a peu de prix, où le talent et l'esprit n'ont aucune cote officielle, où la haute fonction n'ennoblit pas, où la politique devient l'emploi des déclassés et des gens de troisième ordre, où les récompenses de la vie vont de préférence à l'intrigue, à la vulgarité, au charlatanisme qui cultive l'art de la réclame, à la rouerie qui serre habilement les contours du Code pénal, une telle société, dis-je ne saurait nous plaire[54].

Dans son livre *La Troisième République*, publié en pré-originale dans *La Revue universelle* en 1934-1935, Bainville veut voir dans cette phrase de Renan une allusion au personnel opportuniste en place en 1883 ; puis il la réutilise à propos de l'entourage du président Jules Grévy et à propos du scandale de Panama[55].

Dans son discours de réception à l'Académie française (1935), Bainville fait allusion à une phrase de la Réponse au discours de réception de Jules Claretie, où Renan exprimait ses doutes sur la validité du principe démocratique et il lui prête une valeur prémonitoire :

> Le jour où Renan, prenant prétexte de l'anniversaire de 1789, avait, en termes mémorables, traduit ses doutes, le jour où il avait demandé si depuis cent années, la France ne se livrait pas à un principe épuisant, ce jour-là, Renan, près de la tombe, avait parlé comme un précurseur[56].

La phrase de Renan est : « En guerre, un capitaine toujours battu ne saurait être un grand capitaine ; en politique, un principe qui, dans l'espace de cent ans, épuise une nation, ne saurait être le véritable[57]. »

---

54 Renan, Ernest, *Souvenirs d'enfance et de jeunesse*, Folio, 1983, p. 5-6.

55 Bainville, Jacques, *La Troisième République, 1870-1935*, dans *La Monarchie des lettres*, éd. citée, p. 458, 464, 483.

56 *Discours de réception de M. Jacques Bainville à l'Académie française*, dans Jacques Bainville, dans *La Monarchie des lettres*, éd. citée, p. 1056.

57 Renan, Ernest, *Réponse au discours de Jules Claretie*, dans *Feuilles détachées*, Calmann-Lévy, 1892, p. 251.

Mais Renan ajoutait qu'il fallait suspendre son jugement avant de juger définitivement la Révolution.

Ce type de référence, très allusive, laisse supposer qu'il existe une sorte de corpus de citations renaniennes hostiles à la démocratie que Bainville possède parfaitement.

À côté de la peinture sévère que Renan fait du système démocratique, les maurrassiens apprécient aussi la vision positive qu'il propose de l'œuvre capétienne et l'importance qu'il accorde à la figure du roi comme incarnation de la conscience nationale. Dans *Histoire de deux peuples*[58], livre de 1915, mis à jour et réédité en 1933, Bainville reprend une autre formule de la Réponse au discours de réception de Jules Claretie, où Renan définissait la royauté comme le « cerveau de la France[59] ».

Cependant la conception générale de l'histoire que développe Renan est violemment rejetée par Bainville pour son évolutionnisme optimiste. Cette critique s'exprime dans les lieux stratégiques de son œuvre. Dans le manifeste que constitue l'article intitulé « L'avenir de la civilisation[60] », Bainville range Renan parmi les idéologues dangereux qui croient au progrès indéfini, même s'il concède que Renan manifestait des inquiétudes sur le résultat de ce progrès.

De même l'« Épilogue pour une quatrième génération » ajouté en 1934 à *Histoire de trois générations* (1918) est une charge contre Renan. Bainville voit en lui « un faux sceptique dont la pensée faite d'incertitude plus que de doute, a exercé une action à laquelle, de son temps, se sont soustraits bien peu d'esprits ». Il ajoute pour relativiser les idées justes de Renan : « Renan a tout dit, ou à peu près ». Certes Bainville reconnaît que Renan a su juger les tares de la Révolution (et il cite à nouveau une phrase de la Réponse au discours de réception de Jules Claretie) mais il considère que dans l'*Histoire du peuple d'Israël*, Renan a développé une conception idéaliste

58 Bainville, Jacques, *Histoire de deux peuples*, dans *La Monarchie des lettres*, éd. citée, p. 185.

59 Renan, Ernest, *Réponse au discours de Jules Claretie*, dans *Feuilles détachées*, éd. citée, p. 239.

60 Bainville, Jacques, « L'avenir de la civilisation », *RU*, VIII-23, 1er mars 1922, dans *La Monarchie des lettres*, éd. citée, p. 637.

de l'histoire très dangereuse, en exaltant les peuples qui se sacrifient pour l'humanité. Il cite le passage où Renan affirme que la mission d'Israël dans l'histoire de l'humanité, annoncer le règne de la justice sociale, s'est faite au prix de la disparition de l'état d'Israël :

> Il y a là une leçon que les peuples modernes ne sauraient assez méditer. Les nations qui se livreront aux questions sociales périront ; mais si l'avenir appartient à de pareilles questions, il sera beau d'être mort pour la cause destinée à triompher[61].

Bainville s'indigne que Renan semble ici indirectement s'accommoder de la possible disparition de la France si celle-ci permet le triomphe de l'idéal socialiste : « En somme, Renan proposait – cette fois-là – de faire de Paris la Jérusalem de la démocratie socialiste[62]. »

L'étude de *La Revue universelle* montre que Renan est encore la bête noire des catholiques maurrassiens comme Massis et Maritain. Pour Maritain, il est cependant une figure secondaire dans l'histoire de la philosophie par rapport à d'autres adversaires plus néfastes. Sa vision syncrétique qui accepte les diverses faces du réel est stigmatisée comme une faiblesse intellectuelle et morale, qui empêche le choix raisonné. En revanche l'ancien maurrassien Pierre Lasserre s'est entièrement libéré de son attitude doctrinaire d'avant-guerre et reconnaît à Renan la valeur d'un témoin clé de l'évolution de la pensée occidentale. Dans le domaine des idées politiques, l'influence de Renan se réduit, même chez un grand lecteur comme Bainville, à un stock de citations souvent sorties de leur contexte. Renan est vu par Bainville à la fois comme un homme lucide qui a su voir les défauts du régime démocratique et comme un utopiste dangereux par sa croyance au progrès.

Claire BOMPAIRE-ÉVESQUE

61 Renan, Ernest, *Histoire du peuple d'Israël*, t. III, Calmann-Lévy, 1891, p. VI.

62 Jacques Bainville, *Histoire de trois générations*, dans *La Monarchie des lettres*, éd. citée, p. 326.

BIBLIOGRAPHIE

BAINVILLE, Jacques, *Histoire de France*, Arthème Fayard, 1941 [1re éd. 1924].

BAINVILLE, Jacques, *La Monarchie des lettres. Histoire, politique et littérature*, Christophe Dickès (éd.), Laffont-Bouquins, 2011.

BARRÈS, Maurice, « La vérité sur la crise de conscience de M. Renan », *Le Figaro*, 1er mai 1896.

BARRÈS, Maurice, *Mes Cahiers*, t. VI, Plon, 1933.

DELEONIBUS, Gaetano, « Discordances du classicisme maurrassien », dans *Le Maurrassisme et la culture. L'Action française. Culture, société, politique* (III), Olivier Dard, Michel Leymarie, Neil McWilliam (éd.), Presses universitaires du Septentrion, 2010, p. 161-172.

DIMIER, Louis, *Les Maîtres de la Contre-révolution au XIXe siècle*, leçons professées à l'Institut d'Action française, Paris, Nouvelle librairie nationale, 1907.

GASNIER, Maurice, « La Destinée posthume de Renan de 1892 à 1923, Essai sur une réception idéologique », thèse dactylographiée (sous la direction de Jean Balcou), Brest, 1988.

LASSERRE, Pierre, *La Jeunesse d'Ernest Renan. Histoire de la crise religieuse au XIXe siècle*, Garnier, 1923.

LASSERRE, Pierre, « Le Centenaire d'Ernest Renan », *Faust en France*, Calmann-Lévy, 1929.

MARITAIN, Jacques, *Antimoderne*, éd. de la Revue des Jeunes, Desclée et Cie, 1922.

MARITAIN, Jacques, « Histoire et métaphysique (à propos de *La Jeunesse d'Ernest Renan*) », *RU*, XXII-8, 15 juillet 1925, p. 241-248.

MASSIS, Henri, *Jugements*, I, Paris, Plon, 1923.

MASSIS, Henri, « Barrès et Renan », *La Revue Universelle*, LIV-10, 15 août 1933, p. 481-485.

MASSIS, Henri, « Renan d'après lui-même », *La Revue Universelle*, LXXI-13, 14, 15, 1er oct., 15 oct., 1er nov. 1937.

PSICHARI, Henriette, *Renan d'après lui-même*, Plon, 1937.

RENAN, Ernest, *Conférences d'Angleterre*, Calmann-Lévy, 1880.

RENAN, Ernest, *Histoire du peuple d'Israël*, t. III, Calmann-Lévy, 1891.

RENAN, Ernest, *Réponse au discours de Jules Claretie*, dans *Feuilles détachées*, Calmann-Lévy, 1892.

RENAN, Ernest, *Souvenirs d'enfance et de jeunesse*, Folio, 1983 [1883].

La Revue universelle.

RÉAPPROPRIATIONS

INTRODUCTION DES ŒUVRES DE RENAN AU JAPON

Une figure laïcisée du Christ, son miroitement dans des consciences en crise à l'aube de la modernité

La liste des œuvres renaniennes traduites en japonais (p. 179-180) nous confirme que Renan a été principalement et, pendant longtemps, le biographe de Jésus aux yeux des lecteurs du pays du Soleil levant. En ce qui concerne le nombre d'exemplaires de ces traductions, la *Vie de Jésus* dépasse de loin les *Souvenirs d'enfance et de jeunesse.* En outre, elle a vu surgir une nouvelle traduction en 2000, à presque 60 ans d'intervalle de la dernière.

Compte tenu du fait que le christianisme, introduit au Japon par le jésuite François Xavier en 1549, fut interdit tout au long de l'époque Edo et même au-delà – de 1612 à 1873 – car il était considéré comme une menace pour le gouvernement des Tokugawa qui y voyait une religion aberrante, voire démoniaque, nous nous interrogeons sur l'intérêt que pouvait susciter dans ce pays dès le commencement du XXe siècle une biographie de Jésus, d'ailleurs si éloignée de l'orthodoxie chrétienne. Ajoutons à ceci que nombreux sont ceux qui procédaient à leur tâche de traduction uniquement par passion, le profit commercial n'étant qu'au second plan, sinon inexistant. C'est le cas notamment du premier traducteur de la *Vie de Jésus*, Ryôsen Tsunashima (1873-1907), et son travail nous semble apporter une réponse cohérente à notre interrogation.

Pour cette raison, nous allons tout d'abord suivre ses pas afin de découvrir le reflet du Jésus renanien dans sa conscience tourmentée à l'aube de la modernité japonaise. Conscience reflétant les sentiments d'émoi et d'angoisse de ses contemporains face aux idées nouvelles venues de l'Occident. Ensuite, après avoir abordé d'autres traductions à la suite de celle de Tsunashima, nous présenterons, en guise de conclusion, le Renan d'aujourd'hui au Japon : auteur de *Qu'est-ce qu'une nation ?*

LA PREMIÈRE TRADUCTION DE LA *VIE DE JÉSUS*

Tsunashima fit paraître *La biographie de Jésus par Monsieur Renan* la première année du XXe siècle. Par rapport à ceux qui lui ont succédé dans la traduction de Renan, pour la plupart chercheurs en lettres françaises, il fait figure d'exception : c'est un penseur religieux dont les idées eurent un impact considérable sur les plus grands intellectuels de l'époque Meiji.

Il naquit dans un petit village près de la ville de Takahashi, située dans le centre-ouest du département d'Okayama voisin d'Hiroshima. Il reçut le baptême à l'âge de 16 ans dans une église protestante au cours de la 23e année de l'ère Meiji (en 1890). Très précoce et brillant dans ses études, il était enseignant-assistant à cette date depuis quatre ans dans l'école primaire de son village natal[1].

L'introduction de la mission protestante au Japon date de 1859, avant même la Restauration de Meiji en 1868, par la venue de missionnaires à Nagasaki et Kanagawa (actuel Yokohama), deux des cinq ports ouverts aux étrangers. Leur arrivée avait été autorisée en faveur des Américains résidant au Japon, à la suite de la conclusion du traité d'amitié et de commerce américano-japonais de 1858[2], tandis

1 *La vie et la pensée de Ryôsen Tsunashima*, éd. de Mushiaki, T., et Yukiyasu, Sh., Tokyo, Presses universitaires de Waseda, 1981, p. 4 et 301.

2 Le gouvernement des Tokugawa conclura ensuite le même type de traité avec quatre autres pays : les Pays-Bas, la Russie, l'Angleterre et la France.

que l'interdiction de l'évangélisation, arborée ostensiblement par une pancarte placée à chaque coin de rue, ne fut levée qu'en 1873 (6e année de l'ère Meiji). Le protestantisme ne commence à s'implanter réellement qu'à partir de cette année-là avec la fondation d'une première église à Yokohama[3]. Celle-ci fut bâtie par des chrétiens japonais soutenus et aidés par des missionnaires étrangers. Ce qui nous semble significatif, c'est qu'elle était une église unie, au-delà du clivage des mouvements protestants tels que les Églises réformées, presbytériennes ou congrégationalistes[4].

L'extrême hostilité de l'État contre le christianisme s'est maintenue au-delà de la Restauration de Meiji, comme le montre la persécution des catholiques d'Urakami (Nagasaki) « découverts » par le prêtre français Bernard Petitjean en 1865. Déportés massivement et ensuite libérés en 1873 sous la pression des pays d'Occident, ils virent enfin la fin de l'interdiction de leur culte, interdiction qui avait duré 262 ans[5]. Malgré l'antipathie et les préjugés persistants au sein du peuple japonais, l'extension du protestantisme venu des États-Unis fut très rapide. Comment expliquer ce phénomène dans un pays où la religion chrétienne était considérée comme une croyance tout à fait étrangère à ses traditions et même incompatible avec elles ? À notre sens, cette question s'impose pour analyser l'intérêt que suscita la *Vie de Jésus* auprès des Japonais de cette époque.

Le département d'Okayama était une des bases des activités des missionnaires protestants américains. La principale raison de leur installation réside dans l'attitude coopérative des fonctionnaires départementaux, le préfet en tête : ceux-ci avaient un intérêt à les faire venir s'installer dans leur région, car les pasteurs, médecins et éducateurs de profession, acceptent de contribuer à y fonder des hôpitaux et écoles. Les évangélisateurs, de leur côté, tout en sachant

3 Kudo, E., *Le christianisme à l'ère Meiji – conférence sur l'histoire du protestantisme japonais*, Tokyo, Kôbunsha, 1979, p. 13-14.

4 *Ibid.*, p. 15.

5 3380 personnes ont été déportées dont 562 sont mortes pendant la déportation. *Cf.* Kataoka, Y., *Le 4e coup de filet à Urakami – la persécution des chrétiens par le gouvernement de Meiji*, Tokyo, Chikumashobô, 1991, p. 51-54, 226.

ce qui motivait le bon accueil dont ils jouissaient, en profitèrent pour propager leur foi[6]. En 1887, Okayama était la première église associative du Japon avec ses 455 membres[7].

Il est hors de doute que le contact avec des chrétiens a éveillé chez Tsunashima sa curiosité pour la nouvelle religion, introduite dans son pays en même temps que la civilisation moderne et inséparable de celle-ci aux yeux des Japonais de l'ère Meiji. Si, après son baptême, il a continué de fréquenter une église jusqu'à son départ de sa région natale, l'ardeur de sa foi seule n'explique pas son assiduité : le jeune baptisé rencontra dans ce lieu saint les arts et les sciences de l'Occident et connut le plaisir d'apprendre l'anglais, une langue clé pour avoir accès à un monde nouveau. Lui-même évoque ainsi la raison de sa conversion au christianisme : « Parce que c'est la religion des nations civilisées et qu'elle a un vague parfum de haute morale[8]. » À ses propos correspond sans doute la réflexion de l'auteur du *Christianisme à l'ère Meiji* : selon lui, la religion du Christ a enseigné à ceux dont la conscience demeurait encore fortement marquée par la hiérarchisation de l'ancien ordre social – guerrier en tête suivi du paysan, de l'artisan et du commerçant – une éthique libre fondée sur l'égalité des êtres humains[9].

À l'âge de vingt ans, en 1892, une nouvelle vie commence pour Tsunashima dans la capitale : inscrit à l'École professionnelle de Tokyo (actuellement l'université Waseda, une des deux universités privées les plus anciennes du Japon avec l'université Keio), il se sent assailli par le doute, conséquence inévitable de l'enseignement de la

---

6 *Histoire centenaire de l'Église d'Okayama*, éd. par l'Église d'Okayama (Église unifiée du Christ au Japon), 1985, p. 19-21.

7 Takenaka, M., « La formation de la première communauté chrétienne dans le département d'Okayama », *Bulletin des Études chrétiennes sur les problèmes sociaux*, Kyoto, Le deuxième laboratoire des sciences humaines de l'université Dôshisha, n° 3, 1959, p. 13.

8 Mushiaki, T., et Yukiyasu, Sh., *op. cit.*, p. 23 et 85.

9 Kudo, E., *op. cit.*, p. 17-18. « "Mon cœur a été bouleversé en entendant dans le sermon que l'âme d'un seigneur et l'âme d'un commerçant, mises à nu devant Dieu, avaient une même valeur" dit un jeune homme qui était venu chercher à l'église des renseignements sur les armées occidentales », Takenaka, M., *op. cit.*, p. 17.

philosophie et de l'éthique occidentales[10] qu'il y reçoit. Le doute le conduira à nier la foi chrétienne comme un faisceau de superstitions sans fondement : les miracles des Évangiles, la résurrection du Christ et le mystère de la parenté entre Dieu et son Fils se voient rejetés par lui tout en bloc. Seule demeurait la morale, Dieu n'étant qu'un idéal éthique, réductible au Moi de l'Homme. Et pourtant, il n'a pas pu longtemps demeurer dans cet esprit d'incrédulité radicale. Un besoin vital, existentiel, le relance dans la quête de Dieu, d'un Dieu à la fois conciliable avec la raison et sensible au cœur de l'homme[11]. C'est justement à cette période de sa vie qu'il entama la traduction de la *Vie de Jésus*.

En 1904, il arrive au premier traducteur japonais de Renan d'éprouver de mystérieux moments qu'il appelle « expérience de voir Dieu ». Dans son article « Le sens de "voir Dieu" et sa méthode » – « méthode », évidemment, au sens philosophique du terme –, il tente d'expliquer ce curieux phénomène en fin de compte indicible, inexprimable :

> D'un côté, je me sentais uni et fusionné avec Dieu, mais de l'autre, mon moi demeurait comme tel et, transporté de joie, adorant et croyant, je regardais de près cette scène étonnante – quelles sublimes profondeur et tristesse ! –. En un mot, c'est justement le véritable aspect de ma conscience en ce moment unique : union entre Dieu et moi dans notre délicat rapport à la fois très proche et très lointain. Si on l'observe d'un point de vue subjectif, mon expérience se déroulait moins dans un état de ravissement ou d'ivresse [...], mais plutôt dans une sorte d'émerveillement actif et douloureux[12].

D'après Tsunashima, le Dieu qu'il a vu relève d'un panthéisme en ce sens qu'Il est immanent à son existence. En même temps, c'est

10 Il est l'auteur de l'*Histoire des pensées éthiques en Occident*, publiée en 1902, dont le premier chapitre traite de la caractéristique de l'éthique grecque et le dernier d'Auguste Comte.

11 Mushiaki, T., et Yukiyasu, Sh., *op. cit.*, p. 88-92.

12 « Le sens de "voir Dieu" et sa méthode », *Réflexion sur soi* (*Kaïkôroku*), *Œuvres complètes de Ryôsen Tsunashima*, Tokyo, Shunjûsha, 1921, t. 5, p. 484-485.

un Être transcendant, distinct de lui. Or, Tsunashima se réfère à un passage de la *Vie de Jésus* afin de mieux décrire l'aspect de son moment unique. Il s'agit du chapitre v, dans lequel Renan évoque les idées de Jésus sur un Dieu père et une religion pure :

> Si Dieu, en effet, est un être déterminé hors de nous, la personne qui croit avoir des rapports particuliers avec Dieu est un « visionnaire », et comme les sciences physiques et physiologiques nous ont montré que toute vision surnaturelle est une illusion, le déiste un peu conséquent se trouve dans l'impossibilité de comprendre les grandes croyances du passé. Le panthéisme, d'un autre côté, en supprimant la personnalité divine, est aussi loin qu'il se peut du Dieu vivant des religions anciennes. [...] Jésus n'a pas de visions ; Dieu ne lui parle pas comme à quelqu'un hors de lui ; Dieu est en lui ; il se sent avec Dieu, [...][13] ».

Ce qui attire notre attention, c'est qu'afin d'expliquer la réalité mystique qu'il croit avoir vécue, il a recours à la fois à la citation de Renan et au terme « *kenkei* », premier mot d'un verset du poème bouddhique *Shosingue*, verset dont le sens serait : « Voir le Bouddha Amida et le vénérer suscitent allégresse et joie et font surpasser le monde d'ennui et de maux ». Écrit au XIIIe siècle par le bonze Shinran, le poème en question résume la doctrine de l'école Jôdo Shinshû (École véritable de la Terre pure) dont il est le fondateur. Tsunashima s'interroge ainsi sur son vécu crucial en se référant à Renan de même qu'au bouddhisme :

> Si le Dieu que j'ai vu était une sorte de vision existant hors de moi, je serais justement un visionnaire comme Renan le disait. Et, si, au contraire, le Dieu que j'ai vu n'était pas un Être spirituel et personnel, je n'aurais pas éprouvé comme un élan du cœur que suscite le « *kenkei* », l'entière confiance en Bouddha Amida [...]. Mon expérience se compose de deux aspects panthéiste et déiste, et immanent et transcendant. [...] La thèse de Renan, bien qu'il ne la précise pas suffisamment, aide à faire comprendre sous quelle forme s'est passée mon expérience[14] ».

13 *Ibid.*, p. 486-487.

14 *Ibid.* Il dit à un autre endroit : « Même Renan, chez qui le doute prédominait, en faisant la distinction entre voir la vision de Dieu et rencontrer un Dieu immanent,

Chez Shinran, Tsunashima découvre le dogme de « *tarikihongan* », qui pourrait correspondre à la notion chrétienne du « salut par la foi ». Conscient de l'enracinement du Mal dans l'homme, et par conséquent, de l'incapacité de celui-ci de se sauver lui-même par ses bonnes actions, Shinran professe alors que seule la confiance en la miséricorde du Bouddha Amida est susceptible de le conduire au salut. Sa prise de position se rapproche de celle de Paul dans l'épître aux Romains : « Mes actes, en effet, je ne les reconnais pas, car ce que je veux, je ne le pratique pas, mais je fais ce que je déteste » (7-15), et encore : « Nous comptons en effet que l'homme, par sa foi, est justifié sans les œuvres de la Loi » (3-28). Croire et même l'acte de réciter le nom d'Amida – la seule pratique recommandée aux fidèles – ne dépendent pas de la volonté humaine. Tout est le don gratuit de la Divinité[15]. Plutôt qu'aux hommes de bien, Amida miséricordieux accorde le salut avant tout aux pécheurs qui ne peuvent pas se sauver eux-mêmes, d'où la célèbre proclamation de Shinran : « Même les bons peuvent être sauvés, alors pourquoi pas les mauvais ? » On voit que la divinité du Jôdo Shinshû se trouve proche de la figure du bon berger de l'Évangile[16]. Tsunashima, pour s'exprimer, puise dans deux thèses culturellement très éloignées. À la fin de sa courte vie – il est mort à 34 ans –, il tenta de réconcilier le christianisme et le bouddhisme[17]. L'esprit syncrétique, caractéristique de la culture japonaise, le dispose certes à la tolérance et à l'ouverture en matière religieuse, mais l'éloigne de l'orthodoxie chrétienne – ce fut d'ailleurs le cas de nombre de ses compatriotes.

La laïcisation du religieux s'opère sur la figure renanienne de Jésus-Christ avec la dissolution de son sens de Médiateur et de

---

ne semble pas considérer celui-ci comme un fait de superstition » (« Qu'ai-je appris par mon expérience de voir Dieu ? », in *Réflexion sur soi*, p. 249).

15 Kosaka, K., *Le discorde entre l'éthique et la religion – pourquoi l'homme de bien souffre-t-il ? –*, Kyoto, Minervashobô, 2009, p. 54. La radicalité de son credo valut à Shinran cinq ans de déportation dans un pays du nord éloigné de Kyoto, la capitale de l'époque d'alors.

16 *Ibid.*, p. 75 et 81.

17 Itô, S., *Histoire des milieux littéraires japonais*, Tokyo, Kôdansha, 1996, t. 11, p. 140.

Rédempteur, comme le signale justement L. Rétat[18]. Le Tsunashima chrétien ne paraît pas en être tourmenté. Il accepte sa « laïcité » en tant que telle et la tourne à son profit pour mûrir sa pensée essentiellement syncrétique.

Traduite par Tsunashima à partir d'un texte anglais et éditée par son école, l'École professionnelle de Tokyo en 1901, *La biographie de Jésus par Monsieur Renan* ne contenait que sa première partie – jusqu'au chapitre x (« Le Sermon sur la montagne »). Il exprimait le regret de ne pas connaître l'original français et était conscient de cette infirmité pour rendre d'une façon exacte et précise la tonalité renanienne, mais sa volonté d'accomplir sa tâche et son attachement au texte de Renan s'observèrent à maintes reprises dans sa correspondance[19]. Épuisé par une longue maladie – la tuberculose – qui ravageait son corps, il fut emporté par la mort en 1907 sans parvenir à réaliser son souhait longtemps maintenu. La traduction intégrale verra le jour en 1908 grâce à un de ses disciples, Yoshishige Abe, à qui Tsunashima de son vivant avait confié le travail[20]. Selon les *Remarques* rédigées par Y. Abe et insérées au début du livre, la partie dont s'est chargé son maître s'appuie sur la traduction anglaise de 1897 faite par William G. Hutchison, et le reste, à partir du chapitre XI, sur la traduction allemande de Hans Helling, *Das Leben Jesus*[21].

La maison d'édition lance sa vente avec les propos suivants :

> Ce livre raconte la vie du Messie, sa vision d'un Dieu père et du doux Royaume de Dieu sans évoquer ses miracles. En éclaircissant les rapports

---

18 Rétat, L., *Introduction générale* à l'*Histoire des origines du christianisme*, Paris, Robert Laffont, 1995, t. I, p. II et III-V.

19 *Correspondance*, *Œuvres complètes de Ryôsen Tshunashima*, Tokyo, Shunjûsha, 1923, t. 9, p. 113, 114, 117, 125, 164, 280, 311, 354 et 363.

20 *Ibid.*, p. 354.

21 *La biographie de Jésus par Monsieur Renan*, trad. de Tsunashima, R., et Abe, Y., Tokyo, Hidakayûrindo, 1908. Dans le présent article, nous avons eu recours à la deuxième édition, celle de 1909. Tsunashima aurait tenu en main une traduction japonaise manuscrite, faite à partir de l'original français, qu'un certain Fujinami lui aurait proposée pour l'aider à parfaire la sienne (*Correspondance*, p. 167, 168, 184, 188-189 et 199). Postérieure à la 1re traduction en 1901, celle de Fujinami n'a jamais été publiée. Faute de documents, nous ne connaissons pas la suite de cette histoire.

> du christianisme avec d'autres religions ainsi que les idées de Jésus relatives à l'État et au socialisme, un esprit lucide et aigu est au travail, cherchant sans cesse liberté et poésie, à la critique duquel aucun sujet n'échappe. Et justement pour cette raison, l'œuvre de Renan a un moment ébranlé en profondeur l'Occident chrétien avant que l'on se rende compte qu'elle élevait la place de Jésus dans l'Histoire universelle. Nous recommandons cet ouvrage favori de feu M. Tsunashima à ceux qui désirent connaître la pensée lumineuse de Renan et la traduction limpide et fluide de Tsunashima[22].

Également intéressant est un passage du commentaire de la *Revue du Monde chrétien* :

> La biographie de Jésus écrite par Renan, un érudit et grand écrivain français, semble la meilleure parmi celles parues jusqu'à nos jours. Cette œuvre dès sa publication frappa d'étonnement le monde tout entier et marqua une nouvelle étape dans l'étude de la vie du fondateur du christianisme. Considérée comme un cinquième Évangile, elle a déjà conquis de nombreux lecteurs[23].

Il nous semble significatif qu'une revue chrétienne – même protestante – la commente ainsi d'un ton tout à fait élogieux sans aucune réserve. Parmi les six commentaires qui figurent au même endroit, un seul – celui du journal Yomiuri – évoque une vive polémique qui secoua le monde religieux lors de sa parution.

La première *Vie de Jésus* en japonais est par conséquent le fruit du travail à la fois de Tsunashima et d'Abe. Ce dernier, comme beaucoup de ses amis, était atteint d'une sorte de « mal du siècle », plus précisément de « mal de la modernité », d'une modernité survenue si brutalement : il s'agit d'une souffrance psychique caractéristique de son époque, apparue, dans son cas, à la suite du suicide d'un de ses camarades de classe, et qui l'a conduit auprès de Tsunashima. À la trente-sixième année de l'ère Meiji (en 1903), la mort de cet étudiant en philosophie qui s'était jeté dans la cascade Kegon à Nikkô provoqua un retentissement profond dans la société de son

22 À la fin de l'édition de 1909.
23 Sur le coffret de l'édition de 1909.

temps[24]. Son testament contenait un mot qui expliquait la raison de son acte : « *hanmon* » – douleur existentielle –. Le jeune homme la ressentait face à un univers dont la vérité lui échappait. Depuis, Abe était hanté par la mort de son camarade, et venait en chercher le remède chez Tsunashima[25], pour qui le « *hanmon* », né de la recherche d'un moi meilleur, se résolvait dans la recherche de Dieu dans son aboutissement heureux[26].

Abe occupe en un sens une place plus éminente que son maître par ses diverses activités au cours de l'histoire moderne japonaise : à la fois philosophe, pédagogue et homme politique, c'est lui qui fit connaître à ses compatriotes Rudolf Eucken, et il contribua à la fondation de la maison d'édition Iwanami, l'une des plus prestigieuses du Japon d'aujourd'hui, spécialisée en livres d'érudition. Pendant la Seconde Guerre mondiale, Abe, proviseur du Premier lycée (École préparatoire à l'université de Tokyo), se montra toujours libéral et refusa une obéissance systématique à l'Armée. Nommé ministre de l'Éducation nationale sous l'occupation, il prononça le 8 mars 1946 devant les membres de la Mission américaine sur l'éducation au Japon un discours de bienvenue, désormais célèbre, dans lequel, tout en reconnaissant les profondes carences de l'éducation japonaise sous le régime d'avant-guerre (insuffisance de l'éducation fondée sur une vision juste du monde, défaut dans la formation de la personnalité et manque de respect à l'individualité), il affirmait que, à l'instar de la religion qui est le besoin le plus profond de l'homme, l'éducation, comme la culture, devait être universelle et internationale dans son

24 D'après le chiffre relevé par la ville de Nikkô, plus de deux cents personnes pendant les quatre années qui suivirent l'événement tentèrent de se suicider au même endroit.

25 Itô, S., *op. cit.*, p. 144-145.

26 Mushiaki, T., et Yukiyasu, Sh., *op. cit.*, p. 39. Abe épousera la sœur du suicidé, et à leur mariage assistera Natsume Sôseki, son autre maître et un des écrivains représentant de l'ère Meiji, sans doute moins connu en France que J. Tanizaki, Y. Kawabata ou Y. Mishima, mais dont de nombreux livres ont été traduits en français. Plus tard, Abe écrira que le « *hanmon* » fut également chez les jeunes une sourde réaction à la montée du nationalisme dans un pays de plus en plus militarisé. *Cf.* Abe, Y., *Mes enfance et jeunesse*, Tokyo, Iwanami, 1967 « 2e éd. », p. 341.

idéal et individuelle et nationale dans sa réalisation[27]. Malgré sa démission survenue six mois après sa nomination, il consacra par la suite ses efforts à l'institution de la Loi fondamentale de l'éducation, et c'est un des fondateurs de l'enseignement démocratique au Japon après la Seconde Guerre mondiale. Appelant à un traité de paix universel englobant la Chine et l'Union soviétique, il figura parmi les dirigeants du mouvement pacifiste.

LES AUTRES TRADUCTIONS DES ŒUVRES RENANIENNES

Passons à la deuxième traduction de la *Vie de Jésus* publiée en 1921. Le traducteur, Kazuo Katô, est un poète qui, au début de sa carrière, mettait en vers les revendications du peuple. Dans sa présentation de l'ouvrage de Renan, on peut lire :

> [...] Aujourd'hui, pour nous, il serait inutile de se demander si Jésus est Dieu ou Homme. Je reconnais qu'il existe encore des personnes que cette question tourmente ; la cause en est le rigorisme ecclésial. Le joyau que dissimule ce livre restera pour toujours un secret à ces indécis. À ceux capables de puiser une inspiration infinie en l'homme Jésus, en un Jésus qui éprouvait les mêmes sentiments et les mêmes sensations que nous, chaque page du texte donnera une force vitale intarissable. Nous y découvrons un Jésus révolutionnaire. Comme c'est un révolutionnaire religieux, il sera éternellement un vrai révolutionnaire, une source éternelle pour l'humanité[28].

Il nous semble intéressant de signaler que Katô lui-même rédigera une biographie de Jésus qu'il fera paraître sous le titre *Une vie romanesque du Christ* en 1937, plusieurs années après sa traduction de l'œuvre de Renan. Dans l'introduction, il nous dit qu'il voulait

27 Discours prononcé le 8 mars 1946.

28 *Vie de Jésus*, trad. de Katô, K., Tokyo, Shunjûsha, 1921, p. 10.

montrer un Jésus historique, faire une histoire de Jésus homme. Ainsi, sa tentative paraît-elle demeurer dans le sillage de Renan. Toutefois, on s'aperçoit qu'il s'en écarte finalement, quand il dévoile une toute autre intention :

> [...] mon dernier, et en fin de compte, mon premier objectif, était de débarrasser le Christ de toute sorte de coloris, afin de le redécouvrir comme une personne pure et innocente, et le représenter à la japonaise, comme ayant un cœur japonais.

A-t-il réussi ? Renan a humanisé le Christ et la laïcisation du religieux teinte la figure renanienne de Jésus. En le faisant, il savait parfaitement ce qu'il détruisait, contrairement à K. Katô pour qui les concepts chrétiens d'un Dieu transcendant et d'une religion de l'Incarnation demeuraient, nous semble-t-il, difficiles à cerner. Disons que la tentation de naturaliser le christianisme se constate chez de nombreux Japonais d'alors, séduits par la nouvelle religion, mais qui s'y sentaient dépaysés et ne s'y reconnaissaient pas.

C'est grâce à Tetsushi Hirose que la *Vie de Jésus* a été traduite pour la première fois directement de l'œuvre originale française. Un exemplaire de celle-ci lui avait été prêté par Tôson Shimazaki, un écrivain et poète, dont certains romans ont été édités en France vers la fin du XXe siècle[29]. Hirose donne deux raisons à sa mission visant à rééditer le texte de Renan : la première est qu'aux deux précédentes éditions, faites notamment à partir d'une version anglaise, manquaient la Préface et l'Introduction de Renan. Et la seconde est qu'il constate que les deux anciennes traductions, comparées à l'original français, recèlent des différences notables, sans qu'il sache d'où elles proviennent : des traducteurs japonais ou de la version anglaise sur laquelle ceux-ci s'appuyaient[30].

---

29 *IE* (*Une Famille*) et *HAKAI* (*La Transgression*) parurent en français respectivement en 1984 et 1999.

30 *Jésus*, trad. de Hirose, T., Tokyo, Tokyodô, 1922, p. 2. La traduction anglaise de William G. Hutchison ne contenait pas l'introduction de Renan. À sa place, on en trouve une assez longue écrite par le traducteur.

Hirose prévient les lecteurs que, pour bien comprendre le livre de Renan, il est indispensable de posséder une assez vaste connaissance de la religion judéo-chrétienne, la théologie occidentale et encore la culture française. Et cependant, sa vraie valeur réside, affirme-t-il, dans son caractère d'œuvre d'art relatant la vie d'une grande personnalité qui vivra éternellement[31]. Enseignant-chercheur à l'université Keio, Hirose traduisit plusieurs auteurs des XIXe et XXe siècles tels que Taine, Bourget et Bergson.

Le quatrième traducteur, Yutaka Tsuda, se met à la traduction de la *Vie de Jésus* sur les conseils de son maître, T. Ochiai, enseignant-chercheur à l'université de Kyoto et spécialiste des moralistes français, notamment Montaigne[32]. Tsuda, enseignant-chercheur à l'actuelle université d'Osaka, est connu pour ses travaux sur Pascal. Dans la postface de sa traduction, il écrit :

> Renan reconnut, à la différence du philosophe allemand Strauss, la grandeur du rôle personnel de Jésus et décrivit puissamment sa personnalité. Dans cette position réside l'originalité de sa *Vie de Jésus*, et celle-ci fit époque, nous semble-t-il, dans l'histoire de l'exégèse biblique. [...] L'Église catholique a interdit à ses fidèles de lire cette biographie de Jésus. Nous aimerions croire avec Henriette que « les âmes vraiment religieuses finiront par s'y plaire[33] ».

Publiée dans la série des livres de poche Iwanami, la traduction de Tsuda est la seule édition qui ne soit pas épuisée actuellement, bien qu'elle soit en rupture de stock depuis 2011. D'après l'information que nous avons eue de la maison d'édition Iwanami, elle n'est pas épuisée et sera rééditée à la demande des lecteurs. La seule *Vie de Jésus* que nous pouvons acheter en librairie date de 2000, mais il s'agit de la traduction de son édition populaire.

Jetons un coup d'œil maintenant sur les autres contributeurs. Le troisième traducteur de la *Vie de Jésus*, Hirose, fit paraître en 1926

31 *Ibid.*, p. 4.

32 *Vie de Jésus*, trad. de Tsuda, Y., Tokyo, Iwanami, 1941, p. 403.

33 *Ibid.*, p. 401.

Les Apôtres, deuxième tome de l'*Histoire des origines du christianisme.* Il signale dans son avant-propos la fondation de la Société Ernest-Renan en 1919 comme une des preuves de la florescence des études renaniennes en France[34].

Ensuite, encore grâce à lui, les lecteurs japonais verront paraître en 1939 les *Souvenirs d'enfance et de jeunesse.* Hirose les intitule *Les Souvenirs et la confession* parce que le récit de Renan lui paraît être davantage qu'une simple narration de souvenirs[35]. Sa traduction se voit suivie d'une autre parue l'année suivante, celle de Toshio Sugui, enseignant-chercheur à l'université de Tokyo. Les deux faisaient leur tâche de traduction simultanément sans le savoir, et un retard de deux ans, que le second a pris, détermina l'ordre de la parution[36]. Recueilli dans la série des livres de poche Iwanami, le travail de Sugui est la seule édition des *Souvenirs d'enfance et de jeunesse* accessible même de nos jours, bien qu'elle soit en rupture de stock en ce moment comme la *Vie de Jésus.*

Ajoutons que l'*Avenir de la science* parut en japonais en 1926, *Pages choisies* de l'édition Calmann-Lévy en 1949 – excepté quelques chapitres –, *Ma sœur Henriette* en 1961. Enfin *Saint Paul* et *L'Antéchrist* ont vu le jour respectivement en 2004 et 2006 grâce à K. Kutsuna, autre Japonais passionné des écrits de Renan. Ancien homme d'affaires ayant travaillé à la Cie des Messageries Maritimes, il a traduit ces deux tomes de l'*Histoire des origines du christianisme* ainsi que l'édition populaire de la *Vie de Jésus* et a proposé ses travaux à une maison d'édition. Ce sont ces seules traductions que les lecteurs japonais peuvent encore se procurer en librairie. Nous avons tenté d'avoir un entretien avec lui, mais il ne s'est finalement pas réalisé à cause de son grand âge.

34 *Les Apôtres*, trad. de Hirose, T., Tokyo, Tokyodô, 1926, p. 3.

35 *Les souvenirs et la confession*, Tokyo, Toyamabô, 1939, p. 1.

36 *Souvenirs d'enfance et de jeunesse*, trad. de Sugui, T., Tokyo, Sôgensha, 1940, p. 444.

EN GUISE DE CONCLUSION : RENAN DE NOS JOURS

Dans l'histoire de l'introduction des textes de Renan au Japon, une nouvelle ère commence avec la traduction de *Qu'est-ce qu'une nation ?* en 1997. Même si elle est précédée d'une version parue dans une revue en 1993, la date de parution si tardive pour un texte si célèbre nous intrigue quelque peu. Selon Satoshi Ukai, traducteur de ce texte, au Japon, les habitants n'avaient jamais eu dans le passé aucune occasion de manifester par référendum leur volonté d'appartenance à la nation ni même d'une politique quelconque[37], et ce serait une des raisons pour lesquelles les Japonais seraient demeurés longtemps indifférents à la conférence de Renan. La « redécouverte » de celle-ci en France dans les années 1980, occasionnée par le problème de l'immigration n'est pas sans rapport avec sa diffusion dans un pays qui allait se confronter lui-même à l'arrivée de travailleurs étrangers[38].

Or, le livre intitulé *Qu'est-ce qu'une nation ?* ayant plus de 300 pages, se compose, en plus du texte de Renan, des *Discours à la nation allemande* de Fichte. Autour de ces deux écrits du XIXe siècle s'insèrent trois articles et une longue postface en guise de commentaire, tous axés sur le concept de nation. Nous focaliserons notre attention sur l'article « "Le citoyen Caliban" ou la politologie de l'esprit chez Ernest Renan » et le commentaire en postface intitulé « Les limites de l'humanisme national », tous deux rédigés par Ukai ; l'opinion de celui-ci nous semblant proche des jugements des intellectuels japonais d'aujourd'hui qui s'articulent autour de Renan[39].

---

37 Ukai, S., « Les limites de l'humanisme national », *Qu'est-ce qu'une nation ?*, Tokyo, Inscript, 1997, p. 276.

38 *Ibid.*, p. 273-274.

39 Les deux autres textes sont les suivants : « Introduction de "Qu'est-ce qu'une nation ?" par Ernest Renan » par Roman, Joël, et « Fichte et la frontière intérieure – À propos des Discours à la nation allemande » par Balibar, Étienne.

Ukai propose, comme tâche prioritaire à accomplir, de mettre en question le soubassement commun à ces deux réflexions française et allemande et de révéler à travers cette mise en question les limites de la pensée nationale émanant de la modernité occidentale. À ce fond commun, il donne le nom d'« humanisme national[40] ». D'après lui, l'« humanisme national » se décèle chez Renan, lorsqu'il dit :

> C'est la gloire de la France d'avoir, par la Révolution française, proclamé qu'une nation existe par elle-même. Nous ne devons pas trouver mauvais qu'on nous imite. Le principe des nations est le nôtre.

Il discerne dans l'écrit de Renan une prétention à l'exceptionnalité exemplaire de la nation française. Et cette idée d'exceptionnalité ou d'unicité d'une nation est justement un axe autour duquel tourne toute sorte de nationalismes[41].

Son commentaire en guise de postface se termine par un paragraphe où Renan est ainsi défini :

> [...] pour terminer, un mot sur Renan : il est antisémite comme Fichte et colonialiste à la différence de Fichte. Je recommande à ceux qui ont lu *Qu'est-ce qu'une nation ?* de lire également le *Discours sur le colonialisme* d'Aimé Césaire, *L'Orientalisme* d'Edward Said, *Les langues du paradis* de Maurice Olender, etc. Ma modeste recommandation de lecture, je la considère comme le minimum du devoir pour le traducteur[42].

Quelques autres textes comme *Le mythe aryen* de Léon Poliakov et *Nous et les autres* de Tzvetan Todorov mettront en lumière la pensée d'un Renan antisémite et raciste[43].

Alors, Renan était-il raciste et antisémite ? La plupart des sociologues japonais d'aujourd'hui embrassent le point de vue d'Ukai. Il est certain qu'il jugeait avec de puissants a priori conceptuels certains groupes humains, en particulier les Chinois considérés comme

40 « Les limites de l'humanisme national », p. 277.

41 *Ibid.*, p. 282.

42 *Ibid.*, p. 286.

43 « "Le citoyen Caliban" ou la politologie de l'esprit chez Ernest Renan », *Qu'est-ce qu'une nation ?*, *op. cit.*, p. 251.

« une seconde humanité » et les peuples d'Afrique, d'Océanie et d'Amérique auxquels il appliquait la notion de races inférieures[44] ; notion largement partagée par ses contemporains sous la Troisième République, Jules Ferry entre autres. Celui-ci, à la suite de l'auteur de la *Réforme intellectuelle et morale*[45], s'en sert pour justifier la colonisation par un subtil raisonnement de devoir et de droit de la race supérieure[46]. D'après M. Crépon, dans la conférence de Renan à la Sorbonne en 1878 « Des services rendus aux sciences historiques par la philologie » se trouve introduite d'une façon plus explicite que dans ses écrits antérieurs « l'idée de race linguistique » qui, tout en se distinguant de celle de race anthropologique, écarte de son champ d'études le déterminisme biologique, voire toute emprise de la nature[47]. Autrement dit, comme le suggère L. Rétat, la race est chez lui « une entité linguistico-religieuse[48] ». Néanmoins, Poliakov décèle en Renan un antijudaïsme du type catholique[49]. Seule une large vue incluant jusqu'à sa dernière œuvre *Histoire du peuple d'Israël* nous permettrait de nuancer sa position sur cette épineuse question des races, qui sont pour lui des catégories culturelles et civilisationnelles[50]. Il affirme dans la préface de l'œuvre que c'est le peuple d'Israël qui apporta à l'humanité l'idée d'un Dieu juste, c'est-à-dire, l'idée

44 *Histoire générale et système comparé des Langues sémitiques*, Paris, Michel Lévy Frères, 1858, 2e édition, p. 484.

45 *La réforme intellectuelle et morale*, *O.C.*, t. I, p. 390.

46 Ferry, J., *Discours et opinions* (publiés avec commentaires et notes par Paul Robiquet), Paris, Armand Colin & Cie, 1897, t. 5, p. 210-211.

47 Crépon, M., *Le malin génie des langues*, Paris, J. Vrin, 2000, p. 122-124. Nous remarquons que la conférence en question se termine ainsi : « L'homme, Messieurs, n'appartient ni à sa langue ni à sa race ; il s'appartient à lui-même avant tout, car il est avant tout un être libre et un être moral » (« Des services rendus aux sciences historiques par la philologie », *Mélanges religieux et historiques*, *O.C.*, Paris, Calmann-Lévy, 1958, t. VIII, p. 1232).

48 Rétat, L., *L'Israël de Renan*, Berne, Pater Lang, 2005, p. 36.

49 Poliakov, Léon, *Le mythe aryen*, Paris, Calmann-Lévy, 1971, p. 209.

50 Sur ce sujet, les deux conférences suivantes attirent particulièrement notre attention : « Identité originelle et séparation graduelle du judaïsme et du christianisme » (*O.C.*, Paris, Calmann-Lévy, 1947, t. I, p. 907-924) et « Le judaïsme comme race et comme religion » (*O.C.*, t. I, p. 925-944).

d'une justice sociale, à travers la revendication de ses prophètes[51] : un apport considérable pour l'avenir des sociétés humaines, qui comble une seule mais fatale lacune de la Grèce, qu'il reconnaît malgré son profond sentiment de supériorité de la culture européenne[52].

Enfin, notre historien est « chrétien, trop chrétien » pour Ukai. En s'inspirant peut-être du titre d'un ouvrage de Nietzsche : *Humain, trop humain*, il exprime sa méfiance vis-à-vis de l'auteur de la *Vie de Jésus*, et cite un passage du *Crépuscule des idoles* : « À quoi sert toute libre pensée, toute modernité, toute moquerie, toute souplesse de torcol, quand, avec ses entrailles, on est resté chrétien, catholique et même prêtre[53] ! ». Cette suspicion face au christianisme, voire aux religions en général constitue, de nos jours, un point commun à de nombreux intellectuels japonais. Le sentiment aigu de la dangerosité des institutions religieuses, engendré par l'Affaire Aum, une suite d'attentats terroristes commise par une secte dans les années quatre-vingt-dix, est largement partagé par le peuple.

Aujourd'hui, nous sommes loin du temps de Tsunashima.

Yasuko ESHIMA

51 *Histoire du peuple d'Israël*, *O.C.*, t. VI, p. 11-13.

52 Rétat, L., « Races, langues, religions dans l'univers conceptuel et symbolique d'E. Renan », *Société des Études renaniennes*, n° 108, déc. 2002, p. 24-26. Rétat, L., « Quand Renan dénonçait les crimes contre l'humanité », *Commentaire*, n° 89, jan. 2001, p. 137.

53 « Les limites de l'humanisme national », p. 265. Sa citation de Nietzsche est plus longue.

BIBLIOGRAPHIE

LISTE DES TRADUCTIONS DES ŒUVRES DE RENAN (ÉTABLIE EN SEPTEMBRE 2020)

Vie de Jésus

La Biographie de Jésus par Monsieur Renan (première partie jusqu'au 10e chapitre), trad. de R. Tsunashima, Tokyo, éd. de L'École professionnelle de Tokyo, 1900-1901.

La Biographie de Jésus par Monsieur Renan, trad. de R. Tsunashima et Y. Abe, Tokyo, Hidakayûrindô, 1908.

Vie de Jésus, trad. de K. Katô, Tokyo, Shunjûsha, 1921.

Jésus, trad. de T. Hirose, Tokyo, Tokyodô, 1922.

Vie de Jésus, trad. de Y. Tsuda, Tokyo, Iwanami, 1941.

Vie de Jésus, trad. de K. Kutsuna et K. Uemura, Kyoto, Jinbunshoin, 2000.

Les Apôtres

Les Apôtres, trad. de T. Hirose, Tokyo, Tokyodô, 1926.

Saint Paul

Paul : Odyssée de la mission évangélique, trad. de K. Kutsuna, Kyoto, Jinbunshoin, 2004.

L'Antéchrist

L'Antéchrist : le temps de l'Apocalypse, trad. de K. Kutsuna, Kyoto, Jinbunshoin, 2006.

Les souvenirs d'enfance et de jeunesse

Les souvenirs et la confession, trad. de T. Hirose, Tokyo, Toyamabô, 1939.

Les souvenirs d'enfance et de jeunesse, trad. de T. Sugui, Tokyo, Sôgensha, 1940.

Les souvenirs, trad. de T. Sugui, Tokyo, Iwanami (livre de poche), 1953 (*Enfance* et *Jeunesse* en 2 tomes).

L'Avenir de la science

L'Avenir de la science, trad. de F. Nishinomiya, Tokyo, Shibundô, 1926.
La philosophie de la vie, trad. de Y. Ishikawa, Tokyo, Shunjûsha, 1949.
Pages choisies (Calmann-Lévy, 1923, 44e édition)

Ma sœur Henriette

« Ma sœur Henriette », trad. de T. Miyoshi, collection *Les figures humaines dans le monde*, vol. 3, Tokyo, Kadokawa, 1961.

Qu'est-ce qu'une nation ?

Qu'est-ce qu'une nation ? trad. de S. Ukai, in *Espace critique*, n° 9 / 1er semestre 1993, Tokyo, Fukutakeshoten.
Qu'est-ce qu'une nation ? trad. de S. Ukai, Tokyo, Inscript, 1997.

BIBLIOGRAPHIE SUR L'ŒUVRE DE RENAN ET SA TRADUCTION

ABE, Yoshishige, *Autobiographie d'après-guerre*, Tokyo, Iwanami, 1959, 2e éd.
ABE, Yoshishige, *Comment vivre la vie ?*, Tokyo, Kôdansha, 1966.
ABE, Yoshishige, *Mes enfance et jeunesse*, Tokyo, Iwanami, 1967, 2e éd.
BALIBAR, Étienne, « Fichte et la frontière intérieure », traduit par M. Ônishi, *Qu'est-ce qu'une nation ?*, Tokyo, Inscript, 1997, p. 203-240.
CAQUOT, André, « Renan et la notion de race », *Études renaniennes*, n° 40, 3e trimestre 1979, p. 17-23.
CÉSAIRE, Aimé, *Discours sur le colonialisme*, Paris, Présence africaine, 2000.
CRÉPON, Marc, *Le malin génie des langues*, Paris, J. Vrin, 2000.
FERRY, Jules, *Discours et opinions* (publiés avec commentaires et notes par Paul Robiquet), Paris, Armand Colin & Cie, 1897, t. 5.
ITÔ, Sei, *Histoire des milieux littéraires japonais*, Tokyo, Kôdansha, 1996, t. 11.
KATAOKA, Yakichi, *Le 4e coup de filet à Urakami – la persécution des chrétiens par le gouvernement de Meiji –*, Tokyo, Chikumashobô, 1991.

KOSAKA. Kunitsugu, *Le discorde entre l'éthique et la religion – pourquoi l'homme de bien souffre-t-il ? –*, Kyoto, Minervashobô, 2009.

KUDO, Eichi, *Le christianisme à l'ère Meiji – conférence sur l'histoire du protestantisme japonais*, Tokyo, Kôbunsha, 1979.

LAZARE, Bernard, *La question juive*, Paris, Allia, 2012.

L'ÉGLISE D'OKAYAMA (Église unifiée du Christ au Japon), *Histoire centenaire de l'Église d'Okayama*, éd. de l'Église d'Okayama, 1985, t. I et II.

MUSHIAKI, Tadashi et YUKIYASU, Shigeru, *La vie et la pensée de Ryôsen Tsunashima*, Tokyo, Presses universitaires de Waseda, 1981.

OLENDER, Maurice, *Les langues du paradis*, Paris, Seuil, 1989.

POLIAKOV, Léon, *Le mythe aryen*, Paris, Calmann-Lévy, 1971.

RENAN, Ernest, « Caliban, suite "de la Tempête" », *Drames philosophiques*, *Œuvres complètes*, édition Henriette Psichari, Paris, Calmann-Lévy, 1947-1961, t. II, p. 907-924.

RENAN, Ernest, « Des services rendus aux sciences historiques par la philologie », *Œuvres complètes*, édition Henriette Psichari, Paris, Calmann-Lévy, 1947-1961, t. VIII, p. 1213-1232.

RENAN, Ernest, « Identité originelle et séparation graduelle du judaïsme et du christianisme », *Œuvres complètes*, édition Henriette Psichari, Paris, Calmann-Lévy, 1947-1961, t. I, p. 907-924.

RENAN, Ernest, « Le judaïsme comme race et comme religion », *Œuvres complètes*, édition Henriette Psichari, Paris, Calmann-Lévy, 1947-1961, Paris, Calmann-Lévy, t. I, p. 925-944.

RENAN, Ernest, « Qu'est-ce qu'une nation ? », *Œuvres complètes*, édition Henriette Psichari, Paris, Calmann-Lévy, 1947-1961, t. I, p. 887-906.

RENAN, Ernest, *De l'origine du langage*, Paris, Calmann-Lévy, 1925.

RENAN, Ernest, *Histoire du peuple d'Israël*, *Œuvres complètes*, édition Henriette Psichari, Paris, Calmann-Lévy, 1947-1961, t. VI.

RENAN, Ernest, *Histoire générale et système comparé des Langues sémitiques*, Paris, Michel Lévy Frères, 1858, 2e éd.

RENAN, Ernest, *L'Avenir de la science*, *Œuvres complètes*, édition Henriette Psichari, Paris, Calmann-Lévy, 1947-1961, t. II.

RÉTAT, Laudyce, « Juifs, judéité à Paris au début du XIXe siècle », *Romantisme*, n° 125, 3e trimestre, 2004, p. 103-105.

RÉTAT, Laudyce, « Races, langues, religions dans l'univers conceptuel et symbolique d'E. Renan », *Études renaniennes*, n° 108, déc. 2002, p. 3-33.

RÉTAT, Laudyce, « À propos du prétendu "racisme" de Renan », *Études renaniennes*, n° 103, déc. 1997, p. 113-115.

RÉTAT, Laudyce, « Introduction générale » à l'*Histoire des origines du christianisme*, Paris, Robert Laffont, 1995, t. I, p. I-LXXV.

RÉTAT, Laudyce, « Quand Renan dénonçait les crimes contre l'humanité », *Commentaire*, n° 89, jan. 2001, p. 131-140.

RÉTAT, Laudyce, *L'Israël de Renan*, Berne, Pater Lang, 2005.

ROMAN, Joël, « Introduction de "Qu'est-ce qu'une nation ?" par Ernest Renan », *Qu'est-ce qu'une nation ?*, Tokyo, Inscript, 1997.

SAID, Edward W., *Orientalism*, Londres, Routledge & Kegam, 1978.

SENUMA, Shigéki, *Histoire des milieux littéraires japonais*, Tokyo, Kôdansha, 1998, t. 20.

TAKENAKA, Masao, « La formation de la première communauté chrétienne dans le département d'Okayama », *Bulletin des Études chrétiennes sur les problèmes sociaux*, Kyoto, Le deuxième laboratoire des sciences humaines de l'université Dôshisha, n° 3, 1959, p. 1-32.

TODOROV, Tzvetan, *Nous et les autres*, Paris, Seuil, 1989.

TSUNASHIMA, Ryôsen, « Le sens de "voir Dieu" et sa méthode », *Réflexion sur soi* (*Kaïkôroku*), *Œuvres complètes*, Tokyo, Shunjûcha, 1921, t. 5.

TSUNASHIMA, Ryôsen, *Correspondance*, *Œuvres complètes*, Tokyo, Shunjusha, 1923, t. 9.

TSUNASHIMA, Ryôsen, *Essais*, *Œuvres complètes*, Tokyo, Shunjûcha, 1922, t. 6.

TSUNASHIMA, Ryôsen, *Histoire de la philosophie morale en Occident*, *Œuvres complètes*, Tokyo, Shunjûsha, 1923, t. 1.

TSUNASHIMA, Ryôsen, *Journal*, *Œuvres complètes*, Tokyo, Shunjûcha, 1923, t. 8.

UKAI, Satoshi, « Les limites de l'humanisme national », *Qu'est-ce qu'une nation ?*, Tokyo, Inscript, 1997, p. 269-286.

UKAI, Satoshi, « "Le citoyen Caliban" ou la politologie de l'esprit chez Ernest Renan », *Qu'est-ce qu'une nation ?*, Tokyo, Inscript, 1997, p. 241-267.

WOLFF, Étienne, « L'idée de race chez Renan et de nos jour », *Études renaniennes*, n° 40, 3e trimestre 1979, p. 23-27.

故 綱島梁川譯

ルナン氏

耶蘇傳

安倍能成譯補

萬朝報評

諸家の耶蘇傳中最も傑出したるものとしては先づ此ルナン氏耶蘇傳に指を屈せざるべからず本書は十九世紀後半以降の基督教界に非常なる影響を及ぼしたるもの蓋し輓近神學に於ける高等批評先驅たり思想の明暢透徹なると文章の曲雅醇なることを以て特に聞ゆ如斯眞面目なる一代の名著を我が讀書界に推奨することを得たるは幸也

國民新聞評

ルナン氏の有名なる耶蘇傳を譯述したるものにして著者生前多年の苦心を凝したるだけあり其玲瓏圓滿なる文章は原著の貌を傳ふるに殆んど遺憾なし十一章已下は安倍氏の手になり綱島氏には及ばざれども又た誦するに足る宗教界に一名著の譯述を加へたるは喜ぶ可き也

大阪毎日新聞評

本書は佛人ルナンの名著近世科學的批評の見地に立ちて耶蘇の性行事業等を描寫し叙事整然詩味津々興味饒かなる名著也故梁川氏の譯文の妙は言ふ迄もなきことなるか安倍氏の文明暢原書の意を傳へて略々遺憾なし基督教に關係ある人々は勿論一般の讀者にとりても興味深き好讀物也

讀賣新聞評

此原書は千八百六十二年に完成を告げたる有名のもの也世界史に於ける耶蘇の地位より筆を起し其一代の經歷傳道の精神及其狀態を序を追ふて記し且つ論じたるものなるが當時に在つては實に宗教界を動かすの議論たりし也最初綱島氏が重譯を企て更に安倍氏が續譯せられたり綱島氏の文世に定評あり又以て凡筆の及ぶ所に非らず安倍氏も亦た忠實に能く之を書き續けたり近來の趣味ある讀物の一たるを失わず

日本新聞評

佛國ルナン氏の耶蘇傳は氏が該博なる學殖と實地探求の結果に成り文學者の書きたる耶蘇傳中最良の一と稱す此書故綱島氏が英譯に就きて重譯し安倍氏繼續補譯せしものにて譯文親切原著に隨伴して近時譯書中の最良の一也

基督教世界評

佛國の碩儒にして文豪たるルナンの耶蘇傳は古來物せられたる基督傳中の白眉と稱せらる此書一たび出で丶世界の耳目を聳動し爲めにイエス傳研究の上に一新紀元を劃したりき世に之を第五の福音書と稱して愛讀措かざるある蓋し故ある也故綱島氏其靈筆を之れが譯述に染られ今や氏長逝すと雖も安倍氏先師の志を嗣ぎ未完を譯補し茲に完全なる譯書として世に出すに至れり誠に我が讀書界の慶事と云ふべし原書は一大名文として知らる譯文亦能く其面影を傳ふるに足る滿腔の誠意を以て此書を江湖に推奨す

FIG. 1 – *La biographie de Jésus par Monsieur Renan*, trad. de Tsunashima, R., et Abe, Y., Tokyo, Hidakayûrindo, 2e édition, 1909.

ANATOLE FRANCE ET RENAN, OU LA LITTÉRATURE AU RISQUE DE L'ÉRUDITION

« Comment se construit une mémoire ? » La question posée par le titre du colloque me semble d'autant plus stimulante qu'elle rencontre des interrogations familières sur les écrivains chassés des canons après y avoir occupé une place éclatante. C'est le cas de Renan, sans doute, et c'est précisément en terme de « mémoire » ou plus exactement de « lieu de mémoire », voire de cristallisation et d'incarnation, en un seul homme de lettres providentiel, de multiples « lieux de mémoire » (la conversation, la coupole, la visite au maître, la promenade[1]...), que j'ai coutume d'aborder le destin littéraire de son disciple Anatole France, sous la figure d'un basculement brutal du trop de mémoire au trou de mémoire.

En effet, que ce soit avec Boileau qui l'enferme dans un classicisme remotivé par le naturalisme évolutionniste et lui fait rater plusieurs innovations littéraires de son temps, avec le modèle du Racine retourné contre Port-Royal qui, selon Proust, l'enferre dans un canon désuet, avec Lesage qui le rend complice d'une forme de fadeur de coloris blâmée par Barbey d'Aurevilly, ou encore avec Bernardin de Saint-Pierre, au cause-finalisme mal rajeuni par le darwinisme, sans parler de la foule des *minores*, les Xavier de Maistre, les Paul de Musset et tant d'autres qu'il préfaça, l'hypermnésie littéraire affichée par Anatole France peut apparaître comme réversible : elle a d'abord permis sa gloire, à

1 Voir Nora, Pierre (dir.), *Les Lieux de mémoire*, Paris, Gallimard, « Bibliothèque illustrée des histoires », 1984.

l'époque de l'historicisme éclectique qui est aussi le moment où la IIIe République éprouve le double besoin de panser les plaies de Sedan et de conquérir sa légitimité en manifestant sa continuité avec l'Ancien Régime ; elle précipite ensuite sa chute, une fois la Victoire de 1918 acquise, début d'un déferlement de haine sans précédent contre l'écrivain, dont le « Cadavre » des surréalistes n'est qu'un exemple parmi d'autres[2].

Si France arrive devant la postérité trop ostensiblement chargé de savoir et de mémoire non seulement littéraire mais aussi historique, qu'en est-il, dans cette configuration, de sa relation avec Renan ? Nombre de critiques contemporains d'Anatole France ont décrit son style comme l'alliage parfait de toutes les grandes voix de la nation, Rabelais, Racine, Chénier, ou Flaubert ; aucun, dans ce « métal de Corinthe[3] », n'oublie de mentionner Renan.

Pourtant le rôle de Renan semble plus important encore que celui d'un ingrédient dans la création par quintessenciation et échantillonnage d'une littérature française de synthèse, à la fois classique et moderne ; sa figure semble même à l'origine du projet francien. Renan représente, en effet, le modèle de cette posture érudite et ironique avec laquelle la génération suivante, voudra rompre bruyamment en

---

2 Sur tous ces points et afin d'inscrire cette étude dans son cadre francien plus large, je me permets de renvoyer à plusieurs articles récents, parus ou à paraître : Métayer, Guillaume, « "Que dirait Boileau ?" (Anatole France) : la figure de Boileau dans le néo-classicisme impressionniste », in Reguig, D. et Pradeau, C. (dir.), *Figures de Boileau*, Paris, SUP, déc. 2020, p. 177-189 ; « Anatole France et Port-Royal ou les disciples de la querelle », in *Port-Royal au XIXe siècle – Chroniques de Port-Royal*, n° 65, éd. S. Icard et S. Zékian, 2015, p. 139-161 ; « Anatole France et Lesage ou la contagion de la fadeur », in Bahier-Porte, C. et Martin, C. (dir.), actes du colloque du tricentenaire de Lesage (2015), à paraître aux SUP ; « Anatole France et Bernardin de Saint-Pierre ou esthétique et politique de l'harmonie sous la IIIe République », in Métayer, Guillaume, (dir.), *Bernardin de Saint-Pierre : Lettres et Sciences aux XIXe et XXe siècles*, à paraître aux SUP ; « Leçon de critique. À la recherche de la plaquette perdue. Proust et Anatole France ou la fin d'un canon », dans Dissaux, N. (dir.), *Anatole France. Leçons de droit*, Paris, Éditions Mare et Martin, « Droit & Littérature », 2016.

3 Lemaître, Jules, *Les Contemporains*, 6e série, « Le Lys rouge », Paris, Lecène et Oudin, 1896, p. 375.

suivant la devise du jeune Gide : « Jette ton livre[4] ! » ? Je tâcherai d'esquisser ici comment Anatole France a tenté de négocier avec Renan et la mémoire, non sans mettre lui-même au jour les apories dont ses successeurs lui firent ensuite reproche.

Impossible de ne pas voir Renan pour ainsi dire en transparence dans toute l'œuvre d'Anatole France et l'on pourrait se lancer ici dans une longue prétérition sur les innombrables points de rencontre entre les deux auteurs. Cette étude comparée, de l'ampleur d'une thèse de doctorat, reste à écrire. Rappelons simplement une brillante formule du jeune Barrès, dans son essai de jeunesse publié en 1883 chez des amis de France, les Charavay, et consacré à son jeune aîné : « il dramatise Renan[5] ». Il caractérise ainsi les textes de l'époque des *Noces corinthiennes*, drame de la transition du paganisme au christianisme. Pourtant, France a bien vite abandonné le vers et construit la mémoire de Renan autrement qu'en l'enluminant en alexandrins parnassiens. À l'époque où la science historique impose son magistère sur les esprits, Renan pose à France la question des territoires que doivent se partager littérature et érudition, ainsi que du danger que fait courir à la créativité le surplus de souvenirs, cette « hypertrophie » mémorielle, dont parlait déjà Nietzsche[6]. Comment écrire lorsque l'on subit l'attraction d'une telle valeur, la science historique, et d'un tel modèle, Renan, au demeurant inimitable ? Comment maintenir la fidélité au Maître tout en évitant les pièges d'une érudition aussi inatteignable que périlleuse pour l'écriture littéraire ? La réponse de France est simple : en le transformant en personnage. C'est cette idée nouvelle qui décide de son premier vrai succès littéraire, *Le Crime de Sylvestre Bonnard* (1881). L'invention du protagoniste érudit et disert résout la question du conflit entre création et érudition

4 Gide, André, *Les Nourritures terrestres*, « Envoi », *Romans et récits*, éd. sous la direction de Pierre Masson, Paris, Gallimard, NRF, « Bibliothèque de la Pléiade », 2009, vol. 1, p. 442.

5 La formule vaut également pour Leconte de Lisle. Voir : Barrès, Maurice, *Anatole France*, Paris, Charavay, 1883, p. 17.

6 Nietzsche, Friedrich, *Vom Nutzen und Nachtheil der Historie für das Leben*, Leipzig, E. W. Fritzsch, 1874, *passim*.

d'une manière que France ne renia plus jamais par la suite. La figure du vieux sage indulgent devient, en effet, le type le plus caractéristique de ses fictions, de l'abbé Coignard de *La Rôtisserie de la reine Pédauque* et des *Opinions de Jérôme Coignard* au Brotteaux des Îlettes des *Dieux ont soif*, en passant, entre autres, par le M. Bergeret d'*Histoire contemporaine*. France s'inspire à l'évidence de Renan pour créer ce type qui le conduit à la célébrité, ce vrai-faux *alter ego* de vieil érudit surchargé de mémoire, mais bienveillant et humaniste, dans les traits duquel tout le monde désormais reconnaîtra sa marque, signe de la communauté de destin qu'il créée ainsi avec Renan. Le titre complet du roman, *Le Crime de Sylvestre Bonnard, membre de l'Institut*, met en place un jeu plaisant et significatif du déplacement de la personne au personnage : l'appartenance à l'illustre confrérie des Immortels qui, d'ordinaire, suit le nom de l'auteur, vient ici prolonger celui du protagoniste pour s'introduire dans le titre même de l'œuvre. Cette migration d'un titre (honorifique) dans l'autre (éditorial) joue le rôle d'un certificat de baptême du personnage littéraire de l'érudit francien. Elle dit le désir d'en être et, dans un même mouvement, le met à distance dans la fiction. L'Académie française ne s'y est pas trompée qui prima le roman quinze ans avant d'accueillir son auteur, une reconnaissance qui n'aura plus qu'à être retournée en accusation d'académisme, par Gide par exemple, qui juge le style de ce premier succès « demi-coupole[7] ». France y prend aussi le risque de se vieillir aux yeux des lecteurs, nombreux, en cette époque encore beuvienne, qui confondent volontiers le protagoniste et son créateur, une manière de lire que l'utilisation par l'écrivain de l'abbé Coignard, et plus encore de Monsieur Bergeret comme porte-parole de ses idées politiques n'a pu que conforter. Le « Cadavre » que piétinent les jeunes Surréalistes est bien, à leurs yeux, celui d'un vieillard deux fois vieux qui, dès sa jeunesse avide de reconnaissance académique, jouait à l'érudit chenu.

7 « Lu avant-hier de longs morceaux du Crime de Sylvestre Bonnard ce genre demi-coupole m'exaspère. Que de finesse : que d'afféterie !… Entre Sterne et Xavier de Maistre… Si j'avais à refaire de la critique, j'y crèverais. » (Gide, André, *Journal*, 6 janvier 1917, Paris, Gallimard, NRF, « Bibliothèque de la Pléiade », 1939, vol. 1, p. 1016).

C'est bien le disciple de Renan devenu à son tour un nouvel avatar du Maître complaisant qu'il avait mis en scène.

La signature interne de cette filiation est donnée dans de nombreuses paraphrases de Renan, en particulier des *Vingt jours en Sicile* publiées quelques années avant *Le Crime*[8], puisque c'est sur cette île que le vieux savant du quai Malaquais (notoirement l'adresse natale d'Anatole France) part chercher son précieux manuscrit de la *Légende dorée.* France y multiplie les clins d'œil, en reprend, par exemple, la citation de Virgile sur Aréthuse, ou le nom de Polizzi. Cependant, ce Renan au deuxième degré n'offre pas une solution au dilemme par la simple fusion des deux biographèmes. Renan lui-même offre à France des réponses aux dangers de l'hypermnésie historique en désignant déjà d'autres remèdes que la mise en fiction et en particulier le sens, le goût et la valeur de la naïveté[9]. La naïveté comme accès à cette nature dont la posture scientifique éloigne les vieux érudits, revêt soudain une importance littéraire et théorique de premier ordre. Les déclinaisons en sont légion notamment dans les *Souvenirs d'enfance et de jeunesse.*

Ainsi, dès la préface, l'enfant, et la femme, une mère en puissance, jouent le rôle d'un ressourcement nécessaire :

> nous nous éloignons de la nature, à force de la sonder. Cela est bien ; il faut continuer : la vie est au bout de cette dissection à outrance. Mais qu'on ne s'étonne pas de l'ardeur fiévreuse qui, après ces débauches de dialectique, n'est étanchée que par les baisers de l'être naïf en qui la nature vit et sourit. La femme nous remet en communication avec l'éternelle source où Dieu se mire. La candeur d'une enfant qui ignore sa beauté et qui voit Dieu clair comme le jour est la grande révélation de l'idéal, de

8 *Vingt jours en Sicile* de Renan fut donné en 1875 à la *Revue des deux mondes.* On trouve des prépublications du *Crime de Sylvestre Bonnard* dès 1879 dans *La Nouvelle revue.* Voir France, Anatole, *Œuvres* (ci-après *O.C.*, suivi du numéro du volume en chiffres romains), éd. Marie-Claire Bancquart, Paris, Gallimard, NRF, « Bibliothèque de la Pléiade », 1984-1994, vol. 1, p. 1130-1131.

9 Métayer, Guillaume, « Anatole France : éthique et politique de la naïveté », journée d'étude organisée par le CRRLPM, composante de l'USR « République des savoirs », en collaboration avec le Centre de l'Université de Chicago à Paris, juin 2016, actes à paraître. Journées organisées par Isabelle de Vandeuvre.

> même que l'inconsciente coquetterie de la fleur est la preuve que la nature se pare en vue d'un époux[10].

Simple, candide, humble, ingénu : les termes ne manquent pas, chez les deux écrivains, à côté de « naïf », pour décrire ce phénomène de régénérescence de la science dans ces diverses formes résiduelles ou prometteuses de la nature. Il faut y ajouter, on l'a aperçu chez Bonnard, le goût des sensibilités archaïques des récits hagiographiques, si bien que le naïf apparaît comme une remédiation inhérente au *pharmakon* même de l'érudition, le « remède dans le mal » selon le mot de Jean Starobinski, que la science puise dans les objets mêmes qu'elle a soumis à la critique historique, tels que les vies de saints ou la *Vie de Jésus*. C'est à Renan assurément que France a emprunté ce double mouvement de critique rigoureuse et d'attendrissement face aux légendes des « âges de foi » dont il affirme avoir « refait le rêve » dans la préface des *Noces corinthiennes*[11]. Cette dissonance feutrée propre à l'ambivalence entre complaisance et ironie, sensible chez son Maître, ne le quittera également jamais. Elle traverse les innombrables « légendes dorées », indissociablement factices et sincères, émues et irrévérencieuses, qu'il égrène dans ses livres, du *Puits de Sainte-Claire* (1895) à *Jeanne d'Arc* (1908), vrai essai d'historien, en passant par Sainte Thaïs et tant d'autres. Toutes prennent, chacune à leur manière, la suite de la *Vie de Jésus* et de l'évocation des saints bretons au début des *Souvenirs d'enfance et de jeunesse*.

France décrit très bien cette double postulation renanienne qui est aussi la sienne :

> Il y fallait un sens critique toujours en éveil, un scepticisme scientifique capable de défier toutes les ruses des croyants et leurs candeurs plus puissantes que leurs ruses. Il y fallait, en même temps, un vif sentiment du divin, un instinct secret des besoins de l'âme humaine et comme une piété objective. Or, cette double nature se rencontre en M. Ernest

10 Renan, Ernest, *Souvenirs d'enfance et de jeunesse*, Paris, Calmann-Lévy, 1883, « Préface » p. IX.

11 Paris, A. Lemerre, 1876, Préface, p. X.

> Renan avec une extraordinaire richesse. Étranger à toute communion de fidèles, il a au plus haut point le sentiment religieux. Sans croire, il est infiniment apte à saisir toutes les délicatesses des croyances populaires. Si l'on veut bien me comprendre, je dirai que la foi ne le possède point, mais qu'il possède la foi[12].

Ce mixte d'adhésion et de sourire, de compréhension intime et de perspective extérieure, cette ambivalence de la culture chrétienne au moment de sa péremption, qui cherche alternativement sa jouvence dans l'adhésion et dans l'ironie, France les a hérités de Renan et nul doute qu'ils ont joué les premiers rôles dans le basculement de sa gloire, dans la mesure où le geste apparaît comme historiquement daté. Il répond à un état de la querelle religieuse en France tout comme à un programme de réconciliation entre deux évolutions contradictoires de la science historique : celle, critique, qui délie du passé et de ses croyances, et celle, philologique, qui exige d'en saisir le fonctionnement propre et, comme un indice de justesse, se plaît à en reproduire le style et le charme particuliers.

Le moment de l'année qui cristallise toutes ces nuances de la piété distanciée, c'est par excellence Noël, fête de la nativité et, pour ainsi dire, de la naïveté. Or, la Noël 1891 crée un lien bien spécial entre les deux écrivains, qui mérite que l'on s'y attarde.

Horace Craig publia en 1942 une lettre inédite de Renan à Anatole France datée du 28 décembre 1891[13] :

> **Oh ! la jolie lettre, cher ami ! Ma femme et moi, nous en avons été ravis. Qu'on est heureux de se voir si bien compris, si indulgemment aimé.** Il faudra qu'en cette année 1892 vous veniez nous voir en Bretagne. **Je vous montrerai combien vous avez raison, combien la couche du christianisme est mince, combien le paganisme naturaliste est vivant, seul vivant. Nous ferons des courses avec Luzel ;** nous

12 *La Vie Littéraire*, 1re série, « Ernest Renan historien des origines », 1888 (publié originellement dans *Le Temps* le 23.10.1887). Voir https://obvil.sorbonne-universite.fr/corpus/critique/france_vie-litteraire-01#body-30 (consulté le 07/09/2021).

13 Elle se trouvait à la BnF. Voir Craig, Jr, Horace S., « An Unpublished Letter of Ernest Renan », *Modern Language Notes*, The Johns Hopkins University Press, vol. 57, No. 4, avril 1942, p. 275-278.

> irons voir les villages perdus où il y a des restes de populations préceltiques. Vous viendrez sûrement. Croyez, en attendant, à la grande joie que vous nous avez causée ce soir. Vous avez été notre apparition de Noël. Nous vous avons lu avec attendrissement. Votre bien bon ami E. Renan
>
> Et votre Lamia. Quel petit chef-d'œuvre ! Je crois que c'est ce que vous avez écrit de plus profond. La fin surtout est admirable

J'ai joué sur les niveaux de gris pour plus de clarté : le gris clair désigne l'invitation en Bretagne. Le gris moyen concerne l'allusion élogieuse à « Lamia », le nom du sénateur romain ami de Pilate, et joue le rôle d'une métonymie pour *Le Procurateur de Judée*, nouvelle qui vient de paraître dans *Le Temps* du 25 décembre 1891. Est-ce vraiment pour cet anti-conte de Noël, cet évangile selon Pilate, cet apologue du mépris et de l'oubli du Christ que France a été pour les Renan une « apparition de Noël » ? C'est difficile à croire, c'est pourquoi j'ai ajouté un troisième niveau de gris, foncé, pour insister sur un autre aspect de ce dialogue, passé sous silence par Craig, qui ne donne aucune précision sur la « jolie lettre » à laquelle Renan affirme répondre. Et pour cause : il n'y a pas de lettre. Ou plutôt, ce n'est pas dans la correspondance qu'il faut la chercher, mais dans les journaux de l'époque. Il s'agit, en fait, d'une longue lettre ouverte, une « Lettre à M. Ernest Renan sur les coutumes et croyances de Noël en Bretagne », publiée un jour après « Le Procurateur de Judée », le 26 décembre 1891, dans un autre journal, *L'Univers illustré*. On y retrouve Luzel, « le Pausanias chrétien » de la Bretagne, auquel font alternativement allusion France et Renan[14], on y rencontre, au sujet de Noël, cette idée chère à Anatole France et illustrée dans toute une partie de son œuvre, d'une continuité secrète, accompagnant leur rivalité, du paganisme et du christianisme[15].

---

14 Craig n'arrive pas à identifier ni orthographier son nom (p. 277 et n. 3) mais Luzel est bien présent dans les *Souvenirs d'enfance et de jeunesse*, désigné comme le « Pausanias de ces petites chapelles locales » (*op. cit.*, p. 81 n.).

15 Figure jumelle, projetée dans le passé, de la continuité de l'Ancien Régime et de la Révolution, vue elle-même comme une forme de « religion séculière », ou encore, dans le futur, entre la République et le socialisme, en qui France voyait la nouvelle

France, cherchant les origines païennes de Noël, évoquait ainsi la paille autour des arbres, la fourche nommée *carsprenn*[16], puis le rôle rituel de la « bûche » de Noël. Or « La bûche » est le titre, et le motif central, de la première partie du *Crime de Sylvestre Bonnard*, l'histoire de ce double de Renan qui est aussi un anti-Scrooge. Tout commence lorsque le vieux chartiste fait généreusement porter une bûche à sa voisine enceinte et frigorifiée sous les toits. Ce geste, comme il se doit, sera récompensé : une dizaine d'années plus tard, Bonnard reçoit de la part d'un enfant, le fils de cette ancienne voisine qui était en fait une princesse, une bûche creuse, bourrée de violettes, autant dire de vie, et qui surtout abrite le manuscrit de *La Légende dorée* que le philologue avait recherché en vain en Sicile[17]. La reprise circulaire de l'expression « une bûche, une maîtresse bûche, une vraie bûche de Noël[18] » à la fin du récit souligne son ton de conte de Noël, un genre dans lequel la lettre ouverte de France réclame justement que Renan veuille bien s'illustrer à son tour. Surtout, cette épître décline toutes les figures, objets et remèdes de la mémoire surchargée d'érudition que France développe dans le dialogue avec son maître, afin d'opérer non un « retour à la nature » – car son tour d'esprit est tout sauf rousseauiste – mais un ressourcement dans le naïf.

Les naïfs de la Nativité, ce sont d'abord et avant tout les enfants (*nati* en latin) et mêmes les nouveaux nés, tel l'enfant que va mettre au monde Madame Coccoz, le futur porteur de la bûche merveilleuse. On songe aussi à Jeanne, la pupille de Sylvestre Bonnard, mais aussi, plus tard, à la scène de nativité pseudo-autobiographique d'Anatole France en Pierre Nozière dans *Le Petit Pierre*[19]. De même, dans *Le Livre de mon ami*, vraie réécriture des *Souvenirs d'enfance et de jeunesse*, parue en volume

---

religion des humbles, elle répond structurellement au mélange d'adhésion et d'ironie qui caractérise la manière des deux écrivains.

16 Le *carsprenn*, « terrible épouvantail » « pour les lutins et les nains », est la petite fourche dont on se sert pour nettoyer le soc de la charrue.

17 *O.C.*, I, p. 196.

18 « Surtout, qu'il ne manque pas de mettre dans son tas une maîtresse bûche, une vraie bûche de Noël » (*O.C.*, I, p. 157 et 196).

19 Ch. 1, « *Incipe, parve puer risu, cognoscere matrem* », *O.C.*, IV, p. 841-846.

en 1885 mais dont les prépublications plus précoces[20] s'entrecroisent avec celles de l'ouvrage de Renan dans *La Revue des Deux mondes* à partir de 1876, on croise la petite Suzanne et ses nombreux « amis ». Parmi eux se trouve Jessy, orpheline recueillie par son oncle, le savant londonien Bog qui retrouve le sens de la vie grâce à la naïveté de sa pupille et, tout comme Bonnard, botanise avec elle à la fin du récit. Conte philosophique de facture voltairienne dans un décor dickensien, « Jessy » met en scène un Memnon du pessimisme, homme à principes atrabilaire que le contact avec l'enfance guérit de sa misanthropie. Il devient ainsi un nouvel avatar de l'érudit ressourcé dans le naïf[21].

À côté des enfants que Jésus appelle à lui en mémoire du nouveau né qu'il fut, les animaux, et tout d'abord ceux de la crèche, jouent un rôle semblable de contrepoint de l'assèchement vital volontiers imputé à la science historique. Ils sont omniprésents chez France, du chat Hamilcar de Bonnard au chien Riquet de Bergeret, pour dire la naïveté comme émanation de la nature, tout comme Renan l'affirme à Georges Docquois :

> Mais oui, les bêtes ont de l'esprit. Les aimer, c'est évidemment faire preuve de cœur et de sympathie pour la nature[22].

Entre les bêtes et les enfants, et qui les font également rêver, France, dont le *Livre de mon ami* se clôt sur un éloge des contes de fée en forme de dialogue, évoque de petits êtres fantastiques du folklore breton, les

20 Voir *O.C.*, I, « Note sur le texte » p. 1238-1239 pour le détail. Si les publications initiales s'échelonnent de 1879 à 1885, c'est surtout vers 1883-1884 que les textes paraissent.

21 Voir *O.C.*, I, p. 551-555 et France, Anatole, *Le Livre de mon ami*, préf. et éd. G. Métayer, Paris, Rivages, 2013, p. 223-228.

22 Docquois, Georges, *Bêtes et hommes de lettres*, Paris, Flammarion, 1895, p. 57. Renan évoque un chien nommé Jocko, comme l'orang-outang de Pougens dont France a écrit la préface, qui « ayant remarqué que l'on faisait maigre au logis le vendredi, cachait ses os le jeudi (p. 52.) ; on croise un Minet capricieux et chasseur de souris qui est peut-être la source de l'Hamilcar de Sylvestre Bonnard (p. 54), une Corah (p. 57) dont l'angoisse des déménagements rappelle celle de Riquet lorsque son Maître rejoint la Sorbonne (voir *M. Bergeret à Paris*, *O.C.*, IV, p. 199-203). Comme France, Renan explique qu'il est un dieu pour son animal.

farfadets non sans accréditer, en creux, la peinture par Renan du désintéressement de ses compatriotes dans les *Souvenirs d'enfance et de jeunesse* :

> Pendant la messe de minuit [...] une chandelle s'allume partout où un trésor est caché. C'est sans doute une malice des farfadets qui montrent leur or au moment où ils savent que tous les chrétiens sont à l'église. Ces nains [...] font connaître qu'on ne peut rechercher à la fois les richesses de ce monde et les biens spirituels, et que l'homme doit choisir entre les grandeurs de la chair et les splendeurs que l'esprit seul peut contempler [...]. Mon choix est fait, monsieur, et je l'ai fait à votre noble exemple[23].

Ces farfadets annoncent les sylphes, tels que France commence au même moment à les faire voltiger, dans *La Rôtisserie de la Reine Pédauque*, autour de Jérôme Coignard, abbé libre d'esprit et pétri d'indulgence, nouveau Sylvestre Bonnard et autre *alter ego* littéraire de Renan, développé justement après la mort du maître et comme une manière de perpétuer sa mémoire et, *via* Jacques Tournebroche, la relation émue du Maître et du disciple[24]. On peut, en outre, voir dans M. d'Astarac un nouveau Prospéro, perdu dans ses cornues et ses alambics[25], dans Ariel même un parent des êtres aériens – c'est le nom du sylphe de Belinda dans *The Rape of the Lock* de Pope[26] –, et dans le feu pétillant de *L'Eau de jouvence*[27] une annonce des expériences de Jacques Tournebroche. Sans doute est-ce en raison de cette filiation qu'Henri Gouhier a qualifié cette pièce de « conte qu'Anatole France aurait pu écrire[28] ». Le merveilleux est une figure du naïf dans lequel l'homme de la fin du XIXe siècle, cet âge de la critique, que symbolise le personnage du savant, peut et doit s'inventer sous peine de flétrir, voire de périr. On comprend que la question que repose ici France, par

23 France, Anatole, « Lettre à M. Renan », art. cité.

24 Voir à ce sujet l'éclairante notice de Marie-Claire Bancquart, *O.C.*, I, p. 1015-1016.

25 « Fourneaux, alambics, cornues, récipients plongés dans des bains de mercure, sous chacun desquels on entend un léger crépitement », *Caliban, suite de la tempête. Drame philosophique*, Paris, Calmann-Lévy, 1878, p. 12.

26 Voir Alexandre Pope, *Le Rapt de la boucle*, trad. Pierre Vinclair, étude de Guillaume Métayer, Paris, Les Belles Lettres, 2021.

27 *L'Eau de jouvence : suite de Caliban*, Acte I, Paris, Calmann-Lévy, 1881, p. 11-12.

28 *Renan, auteur dramatique*, Paris, Vrin, « Essais d'art et de philosophie », 1972, p. 108.

Coignard comme par Astarac, est celle du *Faust* : nulle surprise, à ce titre, que France ait donné à la nouvelle traduction du chef d'œuvre de Goethe par Camille Benoit chez Lemerre une préface remarquée[29].

Parmi les sources et ressources de la naïveté, on peut compter aussi, on le comprend, les « petites patries », et notamment la nation bretonne et son folklore auxquels France s'est montré, par admiration pour Renan et par girondisme profond, très attaché, comme le montrent ses relations avec Charles Le Goffic[30] qui font pendant, à l'ouest, à son amitié pour les Félibres, au sud[31]. Les « Voyages en France » de *Pierre Nozière* développent d'ailleurs ce thème folklorique et néo-antique des Cimmériens, en un morceau que Proust a mis en scène, dans *Du côté de chez Swann*, dans la bouche de Legrandin[32] :

> vraiment Ar-mor, la Mer, la fin de la terre, la région maudite qu'Anatole France – un enchanteur que devrait lire notre petit ami – a si bien peinte, *sous ses brouillards éternels, comme le véritable pays des Cimmériens*, dans l'*Odyssée*[33].

Enfin, cette lettre ouverte, dont l'étonnante qualité synthétique et programmatique signale le rôle de cristallisation des idées qu'y joue la présence d'un destinataire admiré, indique l'une des autres grandes épiphanies de la naïveté francienne, comme produit et contrepoids de la mémoire érudite, après les enfants, les lutins et les animaux : les marionnettes[34].

---

29 Goethe, J. W., *Faust*, traduction nouvelle par Camille Benoît, préf. A. France, Paris, A. Lemerre, 1891, 2 vol.

30 Voir : *La Vie Littéraire*, 4e série, https://obvil.sorbonne-universite.fr/corpus/critique/france_vie-litteraire-04#body-26 (consulté le 07/09/2021).

31 Arène, Paul, et Tournier, Albert, *Des Alpes aux Pyrénées : étapes félibréennes* ; préf. Anatole France, Paris, E. Flammarion, 1892.

32 Il se refuse à dire au père du narrateur que sa propre sœur habite à deux kilomètres de Balbec.

33 Proust, Marcel, *À la recherche du temps perdu*, Paris, Gallimard, NRF, « Bibliothèque de la Pléiade », vol. 1, p. 129.

34 Un seul autre type de personnage naïf francien et renanien n'apparaît pas, le fou, avatar de l'original diderotien : le « bonhomme Système » peut passer pour le type de tous les originaux franciens, tels que le Père Le Beau dans *Le Livre de mon ami* (*O.C.*, I, p. 466-470), même si France, mêlant les sources ou brouillant les pistes, dit emprunter cette figure à Heine. De manière significative, nulle volonté de régénérer l'Europe à l'aide de la culture naïve des « naturels », selon le terme courant à l'époque.

La cohérence du propos est profonde puisque le spectacle que France affirme avoir vu avec les Renan est précisément un « Mystère » de la nativité en marionnettes[35] :

> Nous avons entendu, vous et moi, le bœuf et l'âne parler sur la crèche. C'était l'an dernier à pareille époque. Vous étiez allé avec Mme Renan, que nous aimons et vénérons à l'égal de vous-même, dans un petit théâtre où des marionnettes jouaient très pieusement un Mystère écrit par le poète Maurice Bouchor. Le bœuf et l'âne parlaient comme des chrétiens, mais avec plus de charité, et ce qu'ils disaient était si beau que nous en avions les larmes aux yeux. L'âne ouvrait une grande bouche, et le gentil Ponchon parlait pour lui dans la coulisse [...]. Quellien, qui dîne avec vous au banquet celtique, en ferait sûrement un beau guerz.

Cette référence aux marionnettes est tout sauf un hapax dans son œuvre[36]. France a consacré nombre de pages à cet art qui lui plaît plus que le théâtre parce qu'il permet de donner des choses une figuration à la fois plus simple et plus humble. Il retrouve dans ce genre miniature une forme d'épure de l'art dramatique analogue à celle qu'il goûte dans les dialogues philosophiques de Renan, genre que lui-même pratique volontiers, par exemple dans le Banquet qui occupe le milieu de *Thaïs*[37], les dialogues philosophiques du *Jardin d'Épicure*[38], ou ceux de sa critique littéraire[39]. La marionnette incarne à ses yeux le juste milieu entre le spectacle et l'idée, la chose que l'on voit avec les yeux du corps et celle que l'on distingue avec ceux de l'esprit[40]. Un certain

---

France, à la fois par classicisme et par anticolonialisme, ne cède pas à la vogue du « barbare » diderotien ni de l'exotisme lotien.

35 Bouchor, Maurice, *Trois Mystères. Tobie. Noël. Sainte Cécile*, Paris, Ernest Kolb, 1892.

36 Voir dans *La Vie littéraire*, 2e série, les articles « La Tempête », « Les marionnettes de M. Signoret », voire « Les jouets d'enfants, par M. Camille Lemonnier » ; et dans la 3e série, « Hrotswitha aux marionnettes » et « M. Maurice Bouchor et l'histoire de Tobie ».

37 *O.C.*, I, p. 785-806.

38 Par exemple le célèbre « Ariste et Polyphile ou le langage métaphysique » (*Le Jardin d'Épicure*, Paris, Calmann-Lévy, 1895, p. 243-278).

39 « Dialogues des vivants : La Bête Humaine », *La Vie littéraire*, 3e série. Voir : https://obvil.sorbonne-universite.fr/corpus/critique/france_vie-litteraire-03#body-27 (consulté le 07/09/2021).

40 « Les marionnettes [...] ont à la fois du style et de l'ingénuité. Ne sont-elles pas les sœurs des poupées et des statues ? Voyez les marionnettes de *la Tempête*. La main

nombre, et même un nombre certain d'articles témoignent de cette attirance révélatrice d'une convergence entre le désir de savoir assouvi par ce spectacle qui simplifie, et le plaisir de s'émouvoir provoqué par la gaucherie naïve des êtres miniatures.

À côté des dialogues, France s'intéresse au théâtre de Renan, notamment à *L'Abbesse de Jouarre*, la pièce qui l'a le plus arrêté et à laquelle il consacre plusieurs chroniques et entrefilets. Ainsi, dans *l'Univers illustré* du 11 novembre 1886, une rubrique de son « Courrier de Paris » intitulée « M. Jules Simon, Renan et Platon », prend la défense de la pièce[41], notamment parce que France y reconnaît l'un des points nodaux de sa pensée, le jeu de l'amour et de la mort qui est l'un des piliers de sa synthèse théorique entre Darwin et Lucrèce :

> « Tout dans la nature nous dit : "Aimez-vous." Qui le dit plus éloquemment que la mort[42] ? ».

Cette prédilection explique sans doute qu'il suive encore, fût-ce brièvement, quelques semaines plus tard, dans *l'Univers illustré* du 22 janvier 1887, la traduction et la mise en scène d'Enrico Panzacchi évoquées par Anne-Christine Faitrop-Porta[43]. Mais c'est surtout l'article qu'il publie dans *Le Temps* du 29 juillet 1888, « L'amour en prison : à propos des *Drames philosophiques* d'Ernest Renan[44] » qui mérite d'être regardé de près car il est l'occasion d'un échange épistolaire avec Renan, de surcroît incomplètement recomposé jusqu'à aujourd'hui.

---

qui les tailla leur imprima les caractères de l'idéal ou tragique ou comique » (*La Vie littéraire*, 2e série, « La tempête », https://obvil.sorbonne-universite.fr/corpus/critique/france_vie-litteraire-02#body-31 (consulté le 07/09/2021).

41 France est d'ailleurs d'accord avec son ami d'alors et alter ego dans la critique impressionniste, plus spécialisé dans le théâtre, Jules Lemaître, quoique celui-ci de manière plus insolente, pour défendre la pièce, satirise les « pharisiens » et « simples nigauds » qui voulurent y voir un attentat à la pudeur. Jules Lemaître, *Impressions de théâtre*, 1re série, « Renan ». Voir OBVIL : https://obvil.sorbonne-universite.fr/corpus/critique/lemaitre_impressions-01#body-12 (consulté le 07/09/2021).

42 *Abbesse de Jouarre*, acte II, sc. 2, Paris, Calmann-Lévy, 1886, p. 30.

43 P. 51.

44 *Le Temps*, 29 juillet 1888, p. 2.

Le déroulement exact semble, en effet, être le suivant : France fait paraître son article. Renan, ravi, répond le jour même par une lettre, retrouvée par C. Pichois[45], contenant des propos élogieux sur l'amour et, déjà, une invitation en Bretagne. De cette lettre, France fait mention dans une missive à Madame de Caillavet, mais, de manière étrange, pas avant le 7 août 1888, alors même qu'ils s'échangent alors, dans le feu de leur passion, d'incessantes épîtres, dans lesquelles des références à l'article de France sur *L'Abbesse de Jouarre* apparaissent d'ailleurs à plusieurs reprises[46]. Bien que cette lettre corresponde parfaitement au contenu de celle qu'a découverte Pichois (« Renan m'écrit une jolie lettre pour me dire que l'amour est la meilleure des choses et qu'il m'attend en Bretagne[47] »), Jacques Suffel affirme qu'elle n'a pas été retrouvée[48]. Pichois, de même, écrit en note « Il ne semble pas que France ait alors répondu à l'invitation de Renan ». L'expression du critique est un peu ambiguë. De fait, si France n'a pas répondu favorablement à l'invitation, il n'en a pas moins, en réalité, répondu à Renan.

De fait, il existe à la Bibliothèque nationale, un ensemble de « Lettres adressées à Ernest Renan[49] » contenant une réponse d'Anatole France, dont le ton et le contenu semblent bien correspondre, notamment parce que dans la première partie France répond à un compliment

45 Voir Pichois, Claude, « Une lettre inédite de Renan à Anatole France », *Revue d'Histoire littéraire de la France*, 58e année, N° 1 (Jan.-Mar., 1958), p. 61-64. L'article y est republié pour la première fois avec la lettre de Renan.

46 Voir *Anatole France et Madame de Caillavet, Lettres intimes (1888-1889)*, éd. J. Suffel, Paris, Nizet, 1984. France l'envoie le 30.07.1888 à son égérie et annonce sans façon : « Je vous envoie mon article du *Temps*. Mais lisez-le comme je l'ai écrit, sans trop y penser » (p. 20). Suffel note qu'il s'agit bien de « L'Amour en prison, à propos des drames philosophiques de Renan » (*Le Temps*, 29.07.1888). Léontine répond le lendemain : « Ce que tu me dis des *Autels de la Peur* est une flatterie, tu as toujours eu du talent, seulement tu te croyais un grand sage alors que tu n'étais peut-être qu'un ignorant » (p. 22). Il s'agit, comme le note Suffel, d'une allusion au même article qui, en plus de chroniquer la pièce de Renan, reprenait un chapitre des *Autels de la peur*. L'amante y revient encore le 31.07 : « Ton article du *Temps* est délicieux, comme tout ce qui tombe de ta plume. La première partie sur Renan est exquise » (p. 24).

47 Voir *Anatole France et Madame de Caillavet*, *op. cit.*, p. 43.

48 *Ibid.*, n. 2.

49 Nafr 14603. Le document numérisé est disponible sur Gallica : https://gallica.bnf.fr/ark:/12148/btv1b52506051x/f19.image (consulté le 07/09/2021).

(« approbation ») et que dans la deuxième il décline une invitation, tout en renvoyant de manière courtoise, en miroir, les politesses de mari à femme de la lettre initiale :

> Monsieur et bien cher maître,
>
> Je n'ai jamais tant de bonheur intellectuel et de joie morale que quand je médite et comprends votre pensée. Votre approbation est ma plus chère récompense. Aussi la lettre que vous avez bien voulu m'écrire m'a-t-elle touché profondément. J'en ai goûté l'affectueuse saveur. Que je voudrais pouvoir me rendre à votre gracieuse invitation ! Je sentirais près de vous, auprès de vous et des vôtres, mon cher maître, un plein contentement de cœur et d'esprit. Mais ce plaisir ne m'est pas permis. J'ai pris des engagements dont je ne puis me délier[50]. Veuillez dire à Madame Renan toute la part qu'elle a dans mes regrets. Je me sens attiré vers elle par le plus respectueux et le plus doux attrait. Je viens de lire votre David si vivant d'âme et de corps. Je suis plein de vous.
>
> Tu duca, tu signore, e tu maestro[51]
>
> Anatole France[52]

Un détail nous permet de conclure que cette lettre est bien la réponse à celle de Renan sur *L'Abbesse de Jouarre*. Par « votre David », France veut certainement parler de « L'histoire du règne de David ». Certes, le deuxième volume de l'*Histoire du peuple d'Israël* ne parut en volume que l'année suivante, mais Renan en a déjà publié des bonnes feuilles dans la rubrique « Études d'histoire israélite » de la *Revue des deux mondes*, dans la deuxième quinzaine du mois de juillet 1888, au moment précis de cet échange.

Pour revenir au fond de l'article, France, pour faire, dit-il, « une manière de scolie de *L'Abbesse de Jouarre* », cite un extrait de roman qu'il prétend dû à la plume d'un anonyme mais que ses lecteurs

50 Pourquoi Anatole France ne peut-il se rendre à Rosmapamon à la fin du mois de juillet 1888 ? Ce n'est pas pour se rendre auprès de Léontine, alors à Saint-Gervais en Haute-Savoie. Peut-être France était-il tout simplement retenu à la Bibliothèque du Sénat où les démêlés avec Charles Edmond lui donnaient alors maille à partir. Voir *Anatole France et Madame de Caillavet*, *op. cit.*, lettres 8 et 12, p. 23 et 27.

51 Paroles de Dante à Virgile, qu'il prend pour guide dans sa descente aux Enfers (*L'Enfer*, II, 140).

52 Nafr 14603, p. 19-20. Voir aussi *Le Lys Rouge*, n° 39, Printemps 1948, p. 22.

auront tout de suite reconnu pour un chapitre des *Autels de la peur*[53] qui décrit la continuité du cloître à la prison.

C'est une obsession, elle-même renanienne : une autre manière de « construire une histoire » comme une « mémoire » justement, qui consiste à marquer le prolongement de l'Ancien régime dans la Révolution de deux façons connexes. D'une part, d'une façon politique, qui préfigure François Furet : ce sera l'un des grands thèmes des *Dieux ont soif* ; d'autre part, d'une façon structurale, qui annonce Michel Foucault : France, comme Renan, s'intéresse à la scabreuse continuité des lieux d'enfermement comme signe des soubresauts axiologiques de l'Histoire, esquisse d'un dialogue suggestif entre l'histoire des pierres et des pratiques, des lieux et de leurs « génies[54] ». On passe de Port-Royal à Port-Libre, du couvent à la prison des Carmes, thème que l'on retrouvera plus tard dans *Les Dieux ont soif*[55]. Est-ce pur hasard si une autre nouvelle de *L'Étui de Nacre* qui reprend un chapitre des *Autels de la peur*, sur le thème de la visite domiciliaire, s'appelle « Madame de Luzy » – Augustin de Luzy étant le nom de l'architecte de l'abbaye de Jouarre[56] ? En tout cas, la mémoire des lieux n'est que le pendant des souvenirs des personnes et cette scène de la perquisition est bel et bien, elle aussi, sérielle chez France, scène

53 France fournit ici une nouvelle variante de ce chapitre des *Autels de la peur* publié dans le *Journal des Débats* en mars 1884 dans la rubrique du « Feuilleton », puis en volume en 1885 [Paris, s. l.]. L'édition critique chez Nizet ne connaît pas cette variante du journaliste. Voir France, Anatole, *Les Autels de la peur* ; éd. Juliette de Gardony Gilman, Paris, A.-G. Nizet, 1971. France remaniera encore le texte pour *L'Étui de nacre* (1892), « Anecdote de Floréal, an II », *O.C.*, I, p. 1007-1011.

54 Toutefois, le grand récit des moniales emprisonnées et persécutées n'a pas été porté dans l'histoire littéraire par France et Renan, mais par l'un de leurs grands adversaires, le Bernanos du *Dialogue des Carmélites*, avant que le cinéma ne prenne le dessus sur le théâtre d'idées, éclipsant les *Dialogues de la dernière nuit*, comme Renan avait voulu nommer sa pièce. Au détriment d'une vision peut-être moins manichéenne de la Terreur elle-même...Voir Estève, Michel, « Métamorphose d'un thème littéraire à propos de *Dialogues des Carmélites* », *Études bernanosiennes*, 2, 1960.

55 Sur ce thème, je me permets de renvoyer aussi à mon article « Anatole France, Port-Royal et Pascal, ou la pensée de derrière la tête », *Port-Royal et la République : 1940-1629 ? – Chroniques de Port-Royal*, n° 68, 2018, p. 67-84.

56 *O.C.*, I, p. 998-1003.

primitive et traumatique des mémoires familiales vendéennes dont France a partiellement reçu l'héritage, autant sans doute qu'il en a savouré la lecture chez Grace Elliott. Elle paraît également dans *Le Livre de mon ami*, contée comme un souvenir de la grand-mère du narrateur[57]. Là encore, cette anecdote du proscrit caché par la grand-mère rencontre les *Souvenirs d'enfance et de jeunesse*[58]. Construire une autre histoire, en se fondant sur la mémoire, c'est aussi ressourcer la science dans la subjectivité naïve du témoignage.

En conclusion, nous nous trouvons devant un paradoxe de l'histoire littéraire. Les écrivains de la mémoire et de la continuité historique, celle que leur filiation même, hautement revendiquée, duplique et exalte, sont finalement tombés dans un oubli, relatif certes, mais incontestable au regard de leur gloire anthume. Le souci de sauver l'érudition par son constant ressourcement dans la naïveté, comme l'histoire dans la mémoire, se voulait, on le comprend, le gage et la garantie constamment présents de cette continuité du progrès intellectuel et de l'effort humain. Depuis Renan et France, la littérature a été portée par plus de mauvais garçons que de « bons maîtres », représentés ou incarnés. C'est tout le pathos de la transition, essentiel à la IIIe République, qui a été contrecarré par le retour aux pulsions révolutionnaires libérées par le traumatisme de la Grande Guerre et autorisées par la Victoire. À la jouvence par procuration, la nouvelle génération préfère la jeunesse en actes. Quant à l'histoire littéraire, elle s'est remise à vomir ceux qu'elle prend pour des tièdes et à préférer une morale de la rupture qui convient mieux d'ailleurs à la division plus nette des champs du savoir et de la création.

Guillaume MÉTAYER

57 Cette fois, il s'agit d'un autre couvent, « à Versailles, dans le couvent des Récollets transformé en maison d'arrêt » (*O.C.*, I, p. 374).

58 *Op. cit.*, p. 101-104.

BIBLIOGRAPHIE

ARÈNE, Paul et TOURNIER, Albert, *Des Alpes aux Pyrénées : étapes félibréennes* ; préf. Anatole France, Paris, E. Flammarion, 1892.

BARRÈS, Maurice, *Anatole France*, Paris, Charavay, 1883.

BOUCHOR, Maurice, *Trois Mystères. Tobie. Noël. Sainte Cécile*, Paris, Ernest Kolb, 1892.

[collectif] *Le Lys Rouge*, n° 39, Paris, Société Anatole France, Printemps 1948.

CRAIG, Horace S. Jr, « An Unpublished Letter of Ernest Renan », *Modern Language Notes*, The Johns Hopkins University Press, vol. 57, No. 4, avril 1942, p. 275-278.

DISSAUX, Nicolas (dir.), *Anatole France. Leçons de droit*, Paris, Éditions Mare et Martin, « Droit & Littérature », 2016.

DOCQUOIS, Georges, *Bêtes et hommes de lettres*, Paris, Flammarion, 1895.

ESTÈVE, Michel, « Métamorphose d'un thème littéraire à propos de *Dialogues des Carmélites* », *Études bernanosiennes*, 2, 1960.

FRANCE, Anatole, *Œuvres* éd. Marie-Claire Bancquart, Paris, Gallimard, NRF, « Bibliothèque de la Pléiade », 1984-1994, 4 vol.

FRANCE, Anatole, *Les Noces corinthiennes* Paris, A. Lemerre, 1876.

FRANCE, Anatole, *La Vie littéraire*, Paris, Calmann-Lévy, 1888-1892 [1re-4e séries].

FRANCE, Anatole, *La Vie littéraire*, 5e et 6e série, éd. Jacques Suffel, Levallois-Perret, Cercle du Bibliophile, 1969-1970.

FRANCE, Anatole, *Le Jardin d'Épicure*, Paris, Calmann-Lévy, 1895.

FRANCE, Anatole, *Les Autels de la peur*, éd. Juliette de Gardony Gilman, Paris, A.-G. Nizet, 1971.

FRANCE, Anatole, *Le Livre de mon ami*, préf. et éd. G. Métayer, Paris, Rivages, « Petite bibliothèque », 2013.

FRANCE, Anatole et ARMAN DE CAVAILLET, Léontine *Anatole France et Madame de Caillavet, Lettres intimes (1888-1889)*, éd. J. Suffel, Paris, Nizet, 1984.

GIDE, André, *Romans et récits*, éd. sous la direction de Pierre Masson, Paris, Gallimard, NRF, « Bibliothèque de la Pléiade », vol. 1, 2009.

GIDE, André, *Journal*, Paris, Gallimard, NRF, « Bibliothèque de la Pléiade », vol. 1, 1939.

GOETHE, Johann Wolfgan von, *Faust*, trad. Camille Benoit, préf. A. France, Paris, A. Lemerre, 1891, 2 vol.

GOUHIER, Henri, *Renan, auteur dramatique*, Paris, Vrin, « Essais d'art et de philosophie », 1972.

ICARD, Simon et ZÉKIAN, Stéphane (dir.), *Port-Royal au XIX*e *siècle – Chroniques de Port-Royal*, n° 65, 2015.

LEMAÎTRE, Jules, *Les Contemporains*, 6e série, Paris, Lecène et Oudin, 1896.

MÉTAYER, Guillaume, « Anatole France et Port-Royal ou les disciples de la querelle », in *Port-Royal au XIX*e *siècle – Chroniques de Port-Royal*, n° 65, éd. S. Icard et S. Zékian, 2015, p. 139-161.

MÉTAYER, Guillaume, « Leçon de critique. À la recherche de la plaquette perdue. Proust et Anatole France ou la fin d'un canon », dans Nicolas Dissaux (dir.), *Anatole France. Leçons de droit*, Paris, Éditions Mare et Martin, « Droit & Littérature », 2016.

MÉTAYER, Guillaume, « Anatole France, Port-Royal et Pascal, ou la pensée de derrière la tête », *in* ICARD, Simon, MÉTAYER, Guillaume, PLAZENET, Laurence (dir.), *Port-Royal et la République : 1940-1629 ? – Chroniques de Port-Royal*, n° 68, 2018, p. 67-84.

MÉTAYER, Guillaume, « "Que dirait Boileau ?" (Anatole France) : la figure de Boileau dans le néo-classicisme impressionniste », *in* Delphine Reguig et Christophe Pradeau (dir.), *Figures de Boileau*, Paris, SUP, déc. 2020, p. 177-189.

NIETZSCHE, Friedrich, *Vom Nutzen und Nachtheil der Historie für das Leben*, Leipzig, E. W. Fritzsch, 1874.

NORA, Pierre (dir.), *Les Lieux de mémoire*, Paris, Gallimard, « Bibliothèque illustrée des histoires », 1984.

PICHOIS, Claude, « Une lettre inédite de Renan à Anatole France », *Revue d'Histoire littéraire de la France*, 58e année, N° 1 (Jan.-Mar., 1958), p. 61-64.

PROUST, Marcel, *À la recherche du temps perdu*, éd. Pierre Clarac et André Ferré ; préf. André Maurois, Paris, Gallimard, NRF, « Bibliothèque de la Pléiade », vol. 1, 1968-1969.

REGUIG, Delphine et PRADEAU, Christophe (dir.), *Figures de Boileau*, Paris, SUP, déc. 2020.

RENAN, Ernest, *Souvenirs d'enfance et de jeunesse*, Paris, Calmann-Lévy, 1883.

RENAN, Ernest, *Vingt jours en Sicile*, *Revue des deux mondes*, vol. 12, n° 2, 15 novembre 1875, p. 241-265.

RENAN, Ernest, *Caliban, suite de la tempête. Drame philosophique*, Paris, Calmann-Lévy, 1878.

RENAN, Ernest, *L'Eau de jouvence : suite de Caliban*, Paris, Calmann-Lévy, 1881.

RENAN, Ernest, *L'Abbesse de Jouarre*, Paris, Calmann-Lévy, 1886.

APERÇU BIBLIOGRAPHIQUE 2020

TEXTES DE RENAN

RENAN, Ernest, *Cahiers de jeunesse (1845-1846)*, Francesco Petruzzelli (éd.), Maurice Gasnier (préf.), Classiques Garnier, Bibliothèque du XIXe siècle, n° 83, 2020 [existe en version numérique, Classiques Garnier numériques].

RENAN, Ernest, *L'Âme celte, Doctrines et légendes de la culture celtique*, [recueil factice de textes de Renan], Paris, Books on demand, 2020.

RENAN, Ernest, « Philippine de Porcellet, auteur présumé de la vie de sainte Douceline », dans *Vie de sainte Douceline, fondatrice des béguines de Marseille au XIIIe siècle*, attribué à Philippine de Porcelet, traduit du provençal par l'abbé Albanès (1879), Grenoble, Jérôme Millon, 2020.

RENAN, Ernest, « Sur Corneille, Racine et Bossuet », Paris, Books on demand, 2019.

BIBLIOGRAPHIE

BOMPAIRE-ÉVESQUE, Claire, « Aperçu bibliographique 2019 », *Études renaniennes*, n° 120, décembre 2020, p. 147-152.

LIVRES SUR RENAN OU COMPRENANT DES RÉFÉRENCES À RENAN

Ernest Renan. Comment se construit une mémoire ? I – La transmission, colloque international du Cinquantenaire de la Société des Études renaniennes, novembre 2018, *Études renaniennes*, n° 120, 2020.

ARTICLES, COMMUNICATIONS PUBLIÉES ET CHAPITRES D'OUVRAGES COLLECTIFS

BALCOU, Jean, « Ernest Renan, retour au pays natal », dans *Écrire le pays natal. La littérature du proche en France*, dir. Mannaig THOMAS et Jean-Pierre DUPOUY, Paris, Honoré Champion, coll. Romantisme et Modernité, n° 194, 2020.

BOTOUROPOULOU, Iphigénie, « Jean Psichari, le grand absent de l'héritage de Renan », *Études renaniennes*, n° 120, p. 43-54.

FAITROP-PORTA, Anne-Christine, « Ernest Renan ed Eleonora Duse, l'avventura italiana dell' *Abbesse de Jouarre* », Firenze, *Antologia Vieusseux*, A. XXVI, n° 77 (*nuova serie*), mai-août 2020, p. 5-39.

FAYOLLE, Azélie, « La science en sociétés. Renan et les "travailleurs de la science" », *Études renaniennes*, n° 120, p. 101-120.

FRAVVENTURA, Vera, PETRUZZELLI, Francesco, « La thèse latine d'Ernest Renan : *De philosophia peripatetica apud Syros* (1852) », *Études renaniennes*, n° 120, p. 121-135.

GASNIER, Maurice, « Jean Pommier au risque de l'*enfer* renanien », *Études renaniennes*, n° 120, p. 55-82.

GASNIER, Maurice, « Les métamorphoses renaniennes de l'entretien », dans Cousson, Agnès (dir.), *L'Entretien du* XVIII*e siècle à nos jours*, Paris, Classiques Garnier 2021, p. 275-293.

LYHNE, Vagn, « Frelsens gru. Om Ernest Renan », [« L'horreur du salut. Sur Ernest Renan »], *Det Poetiske Bureaus Tidsskrift* [Danemark], n° 21, 2019, p. 91-93.

Paone, Domenico, Sabouret, Marie-Claude, « La transmission des archives renaniennes de Corrie Siohan à *Renan Source* », *Études renaniennes*, n° 120, p. 29-42.

Petit, Annie, « Jean Gaulmier lecteur de Renan », *Études renaniennes*, n° 120, p. 83-98.

Revault d'Allonnes, Michel, « Henriette et Corrie Psichari, les sœurs amies », *Études renaniennes*, n° 120, p. 15-27.

ARTICLES EN LIGNE

Henriet, Patrick, « *Les premières générations de l'EPHE : à l'ombre de Renan ? Avec une lettre inédite d'Albert Réville à Renan sur la composition de la Ve section* », dans Fournet, Jean-Luc (dir.), *Ma grande église et ma petite chapelle : 150 ans d'affinités électives entre le Collège de France et l'École pratique des hautes études* [en ligne], Paris, Collège de France, 2020. DOI : https://doi.org/10.4000/books.cdf.10264.

Monasterio, José Ortiz, « *Ernest Renan y su recepción en México en el siglo xix* », dans Andries, Lise (dir.), Suárez de la Torre, Laura (dir.), *Impressions du Mexique et de France*, Paris, Éditions de la Maison des sciences de l'homme, 2009. [nouvelle édition en ligne 2018 : DOI : https://doi.org/10.4000/books.editionsmsh.9623].

Claire Bompaire-Évesque

RÉSUMÉS/*ABSTRACTS*

Sylvain LEDDA, « *Caliban* et *L'Eau de Jouvence.* Renan après *La Tempête* »

Si *Caliban* et *L'Eau de Jouvence* sont des drames philosophiques, ils témoignent aussi des qualités dramatiques tangibles de Renan. Cette œuvre dramatique originale montre à quel point Renan a assimilé les principes du drame romantique et symboliste. À cet égard, les deux pièces shakespeariennes de Renan relèvent moins du dialogue philosophique que d'un nouveau drame de la pensée, conçu comme un espace d'expérimentation poétique au service d'une réflexion sur la condition humaine.

Mots-clés : Renan, *Caliban*, *L'Eau de Jouvence*, *La Tempête*, drame philosophique, drame romantique et symboliste, expérimentation poétique, condition humaine.

Sylvain LEDDA, "Caliban *and* L'Eau de Jouvence. *Renan after* La Tempête"

Caliban *and* L'Eau de Jouvence *are philosophical dramas, but they also testify to Renan's theatrical sense and tangible dramatic qualities. This original dramatic work shows how Renan assimilated the principles of Romantic and Symbolist drama. In this regard, Renan's two Shakespearean plays are less a matter of philosophical dialogue than of a new drama of thought, conceived as a space for poetic experimentation in the service of reflection on the human condition.*

Keywords: Renan, Caliban, L'Eau de Jouvence, La Tempête, *philosophical drama, romantic and symbolist drama, poetic experimentation, human condition.*

Florence NAUGRETTE, « Le romantisme des classiques. *1802. Dialogue des morts*, ou comment faire de l'histoire littéraire avec une pièce de circonstance »

Le 26 février 1886, on fête l'anniversaire de la naissance de Hugo à la Comédie-Française avec un à-propos de Renan, le *Dialogue des morts*. Les auteurs classiques des XVIIe et XVIIIe siècles, aux Champs-Élysées, y fêtent la naissance attendue du prochain génie de la littérature française. Cette œuvre de circonstance est de la théorie littéraire en action : elle gomme l'antagonisme artificiel entre classicisme et romantisme au profit d'une vision pacifiée de l'histoire littéraire nationale.

Mots-clés : Renan, Hugo, Comédie-Française, œuvre de circonstance, classicisme, romantisme, histoire littéraire.

Florence NAUGRETTE, *"The romanticism of the classics.* 1802. Dialogue des morts, *or how to make literary history with a piece of circumstance"*

On 26th february, 1886, the Comédie-Française celebrates Hugo's birthday anniversary with a short occasional play by Renan, le Dialogue des morts. *The authors of the XVIIth and XVIIIth century, in the elysian fields, are celebrating the expected birth of the next genius of french literature. This occasional work is also literary theory indeed: it cancels the usual artificial opposition between classicism and romanticism, and promotes an appeased vision of national literary history.*

Keywords: Renan, Hugo, Comédie-Française, occasional play, classicism, romanticism, literary history.

Valentino PETRUCCI, « *Le Prêtre de Nemi*. La Vérité et ses masques dans le "théâtre métaphysique" de Renan »

Cette œuvre dramatique reflète l'état d'âme de Renan à la moitié des années 80. Dans *Le prêtre de Nemi*, Renan peut mettre de côté la prudence qui caractérise souvent ses œuvres historiques. Ici, il se dévoile sans réserves et sans réticences : ici, il se laisse aller.

Mots-clés : Renan, *Prêtre de Nemi*, théâtre politique, scepticisme esthétique.

Valentino PETRUCCI, "Le Prêtre de Nemi. *Truth and its masks in Renan's 'metaphysical theater'*"

This dramatic work reflects Renan's mood in the mid-1880s. In Le prêtre de Nemi, *Renan can put aside the prudence that often characterizes his historical works. Here, he reveals himself without reservations and without hesitation: here he lets himself go.*

Keywords: Renan, Prêtre de Nemi, *political theater, aesthetic skepticism.*

Anne-Christine FAITROP-PORTA, « Rome, décembre 1886, la révélation de *L'Abbesse de Jouarre* »

La première mondiale à Rome, en 1886, du drame philosophique, *L'Abbesse de Jouarre*, qui n'est jamais représenté en France, illustre l'entente exceptionnelle entre Renan et l'Italie, où il puise la conception sacrée de l'amour et de la mort qui inspire son œuvre, et dont la pièce est pénétrée. Eleonora Duse, abbesse et prêtresse, interprète devant des critiques avertis et des publics fervents, un mystère dont les implications politiques et sociales font un drame extrêmement moderne.

Mots-clés : Renan, Duse, *L'Abbesse de Jouarre*, Italie, D'Annunzio, Verga, Fogazzaro, Giacosa, Primoli, Panzacchi.

Anne-Christine FAITROP-PORTA, *"Rome, December 1886, the revelation of* L'Abbesse de Jouarre"

The world premiere in Rome, in 1886, of the philosophical drama, L'Abbesse de Jouarre, *which was never performed in France, illustrates the exceptional understanding between Renan and Italy, from which he draws the sacred conception of love and death which inspires his work, and which pervades the play. Eleonora Duse, abbess and priestess, interprets in front of informed critics and fervent audiences, a mystery whose political and social implications make it an extremely modern drama.*

Keywords: Renan, Duse, L'Abbesse de Jouarre, *Italie, D'Annunzio, Verga, Fogazzaro, Giacosa, Primoli, Panzacchi.*

Jean-Paul CLÉMENT, « Renan politique »

Hostile aux « philosophes des Lumières », Renan accuse Jean-Jacques Rousseau de donner le pouvoir au peuple, qu'il juge incapable de fonder un État et de gouverner. Il est proche d'Auguste Comte, dont il partage les idées sur la « science positive ». Après la défaite de Sedan, il prône une réforme des universités sur le modèle germanique et deviendra un des pères de la République. Républicain conservateur, il souhaite l'avènement d'une nouvelle aristocratie, celle des hommes de science.

Mots-clés : Politique, Révolution, peuple, positivisme, réforme, université, république, conservateur, homme de sciences.

Jean-Paul CLÉMENT, *"Renan political views"*

Hostile to the "philosophers of the Enlightenment", Renan accused Jean-Jacques Rousseau of giving power to the people, whom he considered incapable of founding a state and of governing. He was close to Auguste Comte, whose ideas on "positive science" he shared. After the defeat of Sedan, he advocated a reform of the universities on the Germanic model and became one of the fathers of the Republic. A conservative Republican, he hoped for the emergence of a new aristocracy, that of men of science.

Keywords: Politics, Revolution, people, positivism, reform, university, republic, conservative, men of sciences.

Jacqueline LALOUETTE, « Trois mémoires d'Ernest Renan (1892-1914) »

Dès 1892, plusieurs mémoires renaniennes coexistèrent. Les composantes de la mémoire républicaine amènent à relativiser l'idée que Renan aurait été « un Dieu » pour la République, selon le mot de Léon Daudet. N'ayant appartenu ni à une loge ni à un groupe libre penseur, Renan n'en reçut pas moins les hommages de la franc-maçonnerie et de l'Association nationale des libres penseurs de France. Quant à la mémoire catholique, elle fut longtemps sévère, haineuse, parfois vulgaire, voire scatologique.

Mots-clés : mémoire, République, franc-maçonnerie, Libre Pensée, Église, funérailles, presse, onomastique, statuaire.

Jacqueline LALOUETTE, *"Three memories of Ernest Renan (1892-1914)"*

From 1892, several Renanian memories coexisted. The components of the republican memory lead to the relativization of the idea that Renan would have been « a God » for the Republic, as Léon Daudet said. Having belonged neither to a masonic lodge nor to a free thought society, Renan nevertheless received the tributes of Freemasonry and the National Association of Freethinkers of France. As for the Catholic memory, it was for a long time harsh, hateful, sometimes vulgar, even scatological.

Keywords: memory, republic, freemasonry, free thought, church, press, onomastic, statuary.

Claire BOMPAIRE-ÉVESQUE, « Renan vu de droite. Les références à Renan dans *La Revue universelle* (1920-1940) »

La Revue universelle est un bon témoin de la position des intellectuels de droite face à la pensée et à la personne de Renan après 1920. Si celui-ci n'est plus au cœur du débat intellectuel, il continue à être honni par les catholiques thomistes (Massis, Maritain) mais ses pages hostiles à la démocratie sont abondamment utilisées par l'historien maurrassien Bainville.

Mots-clés : maurrassisme, Massis, Maritain, Lasserre, Bainville.

Claire BOMPAIRE-ÉVESQUE, *"A right-wing point of view on Renan in* La Revue universelle *(1920-1940) "*

La Revue universelle is a good witness of the position of right-wing intellectuals towards Renan's thought and person after 1920. Although Renan was no longer at the heart of the intellectual debate, he continued to be reviled by Thomist Catholics (Massis, Maritain), but his anti-democratic pages were used extensively by the Maurrassian historian Bainville.

Keywords: Maurras, Massis, Maritain, Lasserre, Bainville.

Yasuko ESHIMA, « Introduction des œuvres de Renan au Japon. Une figure laïcisée du Christ, son miroitement dans des consciences en crise à l'aube de la modernité »

Au Japon, Renan a été surtout le biographe de Jésus. La figure laïcisée du Christ aida les Japonais à comprendre et assimiler à l'aube de la modernité une religion occidentale radicalement différente de leurs croyances traditionnelles. Ce fut le cas pour le premier traducteur de la *Vie de Jésus*, un jeune penseur religieux Tsunashima. De nos jours, Renan est l'auteur de *Qu'est-ce qu'une nation ?* et connu, dans les milieux intellectuels, pour ses propos sur les races.

Mots-clés : Ernest Renan, laïcisation, syncrétisme religieux, Ryôsen Tsunashima, *Vie de Jésus*, *Qu'est-ce qu'une nation ?*

Yasuko ESHIMA, *"Introduction of Renan's works in Japan. A secularized figure of Christ, its shimmering in consciences in crisis at the dawn of modernity"*

In Japan, Renan was above all a biographer of Jesus. The secularised figure of Christ helped the Japanese, at the dawn of modernity, to understand and assimilate a Western religion that was radically different from their traditional beliefs. This was the case for the first translator of the Vie de Jésus, *a young religious thinker Tsunashima. Today, Renan is the author of* Qu'est-ce qu'une nation? *and known in intellectual circles for his comments on race.*

Keywords: Ernest Renan, secularization, religious syncretism, Ryôsen Tsunashima, Vie de Jésus, Qu'est-ce qu'une nation?

Guillaume MÉTAYER « Anatole France et Renan, ou la littérature au risque de l'érudition »

Le modèle écrasant de Renan pose à France le problème des liaisons dangereuses entre littérature et érudition qu'il résout par la transformation de Renan en personnage, fondant le type francien du vieil érudit, et par l'imitation du geste renanien de ressourcement de l'érudition dans la nature *via* les épiphanies de la naïveté (enfance, animal, marionnettes, folklore, hagiographies, histoire comme mémoire), un geste de continuité que rejetèrent les adeptes de la rupture politique en littérature.

Mots-clés : Anatole France, Ernest Renan, érudition, ironie, naïveté, hagiographie, folklore, enfance, animal, marionnettes.

Guillaume MÉTAYER *"Anatole France and Renan, or literature at the risk of scholarship"*

Renan's overwhelming model poses for France the problem of the dangerous liaisons between literature and erudition which he solves by transforming Renan into a character, thus founding the Francian type of the old scholar, and by imitating the Renanian gesture of resourcing erudition in nature via the epiphanies of naivety (childhood, animal, puppets, folklore, hagiographies, history as memory), a gesture of continuity which was rejected by the adepts of political break in literature.

Keywords: Anatole France, Ernest Renan, scholarship, irony, naivety, hagiography, folklore, childhood, animal, puppets.

Société des Études renaniennes

ADHÉSION ou RENOUVELLEMENT pour 2022

PARTICULIERS

Cotisation (comprenant l'abonnement à la revue)	30,00 €
Cotisation de soutien	40,00 €
Cotisation étudiant (moins de 30 ans - inscrit dans une université…	15,00 €

L'adhésion 2022 permet de recevoir le numéro 121 des Études renaniennes et de participer aux activités de la Société

*

BULLETIN D'ADHÉSION

Civilité (*barrer les mentions inutiles*) : Madame, Monsieur

Nom : .... Prénom : ....
Fonction et institution : ....
Adresse d'envoi de la revue : ....
....

– adhère à la Société des Études renaniennes pour l'année :
....
– Montant………………………………………………………………………………..

Paiement par chèque :
Veuillez rédiger un chèque sur une banque française à l'ordre de la Société des Études Renaniennes et l'envoyer à l'adresse de la trésorière : Claire Évesque - 159 boulevard Murat - 75016 PARIS

Paiement par virement :
Précisez l'intitulé du compte bancaire (pour faciliter l'identification du virement) et contacter la trésorière (c.evesque@free.fr) pour l'obtention du RIB.

Pour les adhérents des pays étrangers (même dans la zone euro) faire un virement interbancaire (contacter la trésorière : c.evesque@free.fr).

VENTE AU NUMERO

Les numéros antérieurs au numéro 120 sont à commander auprès de la Société des Études renaniennes (contact@ernest-renan.fr) au prix de 12 € (port en sus).

Bulletin d'abonnement institionnel revue 2022

Études Renaniennes

Littérature – Philosophie – Histoire des religions

Nom de l'institution :

Représentée par :

Adresse :

Code postal : Ville :

Pays :

Téléphone : Fax :

Courriel :

Prix TTC abonnement France, frais de port inclus	Prix HT abonnement étranger, frais de port inclus
Institution	Institution
▪ 33 €	▪ 42 €

Cet abonnement concerne les parutions papier du 1er janvier 2022 au 31 décembre 2022.

Les numéros parus avant le 1er janvier 2022 sont disponibles à l'unité (hors abonnement) sur notre site web.

Modalités de règlement (en euros) :

- Par carte bancaire sur notre site web : www.classiques-garnier.com
- Par virement bancaire sur le compte :
  Banque : Société Générale – BIC : SOGEFRPP
  IBAN : FR 76 3000 3018 7700 0208 3910 870
  RIB : 30003 01877 00020839108 70
- Par chèque à l'ordre de Classiques Garnier

mis à jour le 22/11/2021

Classiques Garnier
6, rue de la Sorbonne – 75005 Paris – France
Fax : + 33 1 43 54 00 44
Courriel : revues@classiques-garnier.com